AF389289

LETTRES A DANCHET.

RECUEIL

DE

LETTRES INÉDITES

(DONT QUELQUES-UNES SUIVIES DE RÉPONSES)

ADRESSÉES A

DANCHET, Antoine

De Riom (en Auvergne)

PAR

DIFFÉRENTS PERSONNAGES & AUTEURS CÉLÈBRES
DU XVIIIᵉ SIÈCLE

(Trouvées en 1860 dans des papiers de sa famille)

ET

Imprimées par les soins de G. GRANGE , libraire
& Mᵈ d'antiquités, rue Blatin, 8, à Clermont-Fᵈ.

CLERMONT-FERRAND

IMPRIMERIE FERDINAND THIBAUD, LIBRAIRE

Rue Saint-Genès, 8 10.

NTOINE DANCHET, fils d'autre Antoine Danchet & de Lucrèce Mandonnet, honnêtes bourgeois de Riom (en Auvergne), naquit en cette ville, le 7 septembre 1671.

Ses parents ne pouvant efpérer lui laiffer un meilleur patrimoine, voulurent au moins lui donner le plus d'inftruction poffible, & ils le mirent au collége des Pères de l'Oratoire, où bientôt il fe diftingua par fon goût & fes heureufes difpofitions pour les lettres.

Mais f'étant brouillé par la fuite avec fon régent, Danchet conçut le projet de fe rendre à Paris, où il efpérait trouver quelques protections pour achever fes études.

Doué d'une forte conftitution, il entreprit à pied la route de la capitale, & fut y trouver un religieux qu'il avait connu dans fa province.

Préfenté par ce Monfieur dans une bonne famille, il obtint la direction de quelques jeunes enfants, ce qui le mit lui-même à portée de continuer les claffes qu'avait interrompues fon départ de Riom.

Sa douceur, fon application & une exactitude

*

infinie à remplir ſes devoirs, lui gagnèrent l'af-
feſtion des perſonnes chez qui la Providence
l'avait placé. Les mêmes qualités ſoutenues de la
plus heureuſe mémoire & d'une extrême ardeur
pour l'étude, lui donnèrent en peu de temps une
ſupériorité marquée ſur ſes camarades, il occu-
pait les premières places, & remportait preſque tous les prix.

Le célèbre M. Herſan, chargé de l'éducation
du jeune abbé de Louvois, ayant entendu lire
un des eſſais de poëmes d'Antoine Danchet,
voulut connaître l'auteur, & dés qu'il l'eut vu,
l'aſſocia comme émule au petit nombre d'écoliers
choiſis qu'il raſſemblait de temps en temps auprès de ſon élève.

M. le Miniſtre (de Louvois) ayant aſſiſté à
Meudon, à une conférence, où Danchet récita
de ſuite tout Horace, lui offrit une gratification
de 30 louis d'or. En 1691, Danchet dédia au père
de la Chaize un poëme qu'il venait de compoſer
ſur la priſe de Mons; & de tous ceux qui trai-
tèrent ce ſujet, le ſien fut jugé le mieux écrit.

A peine ſorti des bancs de l'école, & protégé
par le Père Jouvency, ſon dernier régent, bon
juge en talents littéraires, il fut appelé à remplir
la chaire de rhétorique au collége de Chartres (il
avait alors 21 ans).

Il ſe diſtingua dans cet emploi par diverſes

actions publiques, par des morceaux de poéfies latines & même par quelques vers français, adreffés à Monfeigneur Godet Defmarets (évêque de Chartres), à qui le Père Jouvency l'avait préfenté.

Cependant, ne jugeant bientôt plus ce théâtre affez vafte pour fon érudition, Danchet fe démit de fa chaire & revint à Paris en 1696.

Madame de Turgis le choifit alors pour veiller à l'éducation de fes deux fils qu'elle voulait mettre au collége du Pleffis. M. Danchet f'attacha à la conduite de fes jeunes élèves, avec l'attention fingulière qu'il eut toute fa vie pour ce qu'il regardait comme un devoir. Madame de Turgis, qui appréciait fes foins, étant tombée malade en 1699, lui fit promettre qu'il n'abandonnerait point fes enfants, & lui conftitua par teftament une rente viagère de 200 livres.

Jufque-là, M. Danchet n'avait fait que de légers effais de fon talent pour la poéfie françaife. Des vers qu'on lui demanda pour un ballet repréfenté devant Monfeigneur, lui firent connaître fes forces, & il fe crut en état de faire un opéra. Héfione, fon premier ouvrage en ce genre, parut en 1700, & eut un très-grand fuccès. Mais ce fuccès même alarma la famille de fes élèves; on voulut exiger de lui une promeffe de ne plus travailler pour le théâtre. Il refufa de prendre un engagement qu'il fe fentait peu difpofé à tenir. Sur fon refus, non feulement on lui ôta fes élèves, mais on prétendit encore le priver de fa penfion, & il fe vit obligé de défendre fes droits en juftice.

M. Dumont, l'aigle du barreau d'alors, fe chargea de plaider fa caufe & l'ayant gagnée en 1701, le poète paya des fruits de fa verve, l'éloquence de l'orateur.

M. Danchet, encouragé par la réuffite de fon premier opéra, effaya auffi quelques tragédies, mais fur quatre de ces pièces, on compte 13 à 14 opéras.

Tout à lui par l'incident qui précède, il f'attacha à fe former des liaifons dont le foin de fes premiers emplois l'avait jufqu'alors éloigné, & fon caractère lui fit des amis de prefque tous ceux qui le connurent.

Il perdit fon père d'affez bonne heure; mais fa mère ayant vécu fort longtemps, dès qu'il eut commencé à recueillir quelques fruits de fes travaux, il fe hâta de les partager avec elle, retranchant encore fur un néceffaire déjà très-borné.

Puis enfin, lorfque du produit de ces pièces de théâtre, il fe fut affuré des revenus certains, il la fit venir à Paris, & lui abandonna une portion de fa petite fortune; il aurait cru manquer aux égards qu'il conferva toute fa vie pour elle, f'il ne l'eût pas rendue indépendante de lui.

En 1705, il fut admis à l'Académie des Infcrip-
tions, & l'année fuivante, y fut honoré du titre
d'affocié.

L'Académie françaife lui ouvrit les portes en
1712, & il y fuccéda à l'abbé Tallement.

Le caractère de Danchet fe réfume en quelques
traits. Simple, modefte, économe, jufte & refpectueux, fe fervant de fon crédit plutôt en faveur
des autres que pour lui-même, il était néanmoins
d'une probité à toutes épreuves.

Un homme en place lui ayant fait un jour une
demande qui répugnait à fon caractère, il fe con-
tenta de lui répondre par ces deux vers d'une des
tragédies de Corneille :

Le maître qui prit foin d'inftruire ma jeuneffe,
Ne m'apprit point, feigneur, à faire une baffeffe.

Comme Danchet avait l'air un peu niais, il ne
fut point toujours refpecté.

Souvent en le voyant, on répéta ce trait de
l'auteur des fameux couplets de 1710.

Je te vois, innocent Danchet,
Grands yeux ouverts, bouche béante,
Comme un fot pris au trébuchet,
Ecouter les vers que je chante.

Néanmoins, il dédaigna toujours de fe venger.

Quelqu'un que de faux rapports avaient indifposé contre Danchet, l'ayant attaqué dans une fatyre avec autant d'amertume que d'injuftice, il répondit par une épigramme qui aurait couvert le fatyrique d'un ridicule ineffaçable fi elle eût été répandue. M. Danchet lui en fit remettre la copie en lui déclarant qu'il en était l'auteur. Celui-ci prit fagement le parti d'aller f'expliquer avec lui. Danchet le raffura en lui difant qu'il n'avait montré fon épigramme à perfonne, fon deffein n'étant pas de lui nuire, mais feulement de lui faire fentir par fa propre expérience, l'injuftice de fon procédé & combien il était facile de fe venger par ces fortes de voies.

Les meilleurs amis de Danchet ont toujours ignoré avec qui cette aventure lui était arrivée.

Les faits qui précèdent nous démontrent affez que cet innocent (prétendu) était un homme de mérite.

M. Danchet mourut, le 20 février 1748, dans fa 77ᵉ année.

Il avait époufé en 1728, Marie Thérèfe de la Barre, dont il eut plufieurs enfants.

Ses œuvres ont été recueillies à Paris, en 1751, & forment 4 volumes in-12. Ses tragédies en général font peu eftimées, & fans fes *opéras*, ce poète ferait moins connu. Ses tragédies font les *Tendarides*, les *Héraclides*, *Nitétis* & *Cyrus*.

Les opéras de Danchet, dont Capra fit prefque toujours la mufique, font : *Héfione*, *Aréthufe*, *Tancrède*, *Alcine*, les *Fêtes Vénitiennes*, les *Mufes*, *Idoménée*, les *Amours de Mars*, *Camille*, *Télèphe*, *Télémaque*, le *Triomphe de l'Amour*, *Achille* & *Déïdamie*. On a encore de lui quelques pièces fugitives, des *odes*, des *cantates*, des *épîtres*, dont la verfification eft affez douce, mais un peu faible.

Clermont, typ. F. THIBAUD.

LETTRES

DE DIVERS PERSONNAGES

ILLUSTRES ET ÉRUDITS

A DANCHET.

Au camp de Rivoli le 1er juin 1706.

J'Ay reçu, Monſieur, la tragédie de *Cirus* que vous avez pris la peine de m'envoyer, elle m'a fait autant de plaiſir quand je l'ay lue, qu'elle m'en avait fait ſentir dans la repréſentation. J'ay auſſi trouvé vos vers parfaitement beaux. Il n'y a que le ſujet que vous auriez pu beaucoup mieux choiſir.

Je ſuis, Monſieur, très parfaitement à vous.

LOUIS DE VENDÔME.

Louis-Joseph, duc de Penthièvre, puis de Vendôme, fils de Louis de Vendôme & de Laure Mancini, fut un célèbre général; il naquit en 1654, fit ſa première campagne à 18 ans en Hollande, où il ſuivit Louis XIV en qualité de volontaire. Après avoir paſſé par tous les grades comme un ſoldat de fortune, il fut nommé maréchal-de-camp en 1678, et gouverneur de Provence en 1681. Il ſe diſtingua dans la guerre de la ligue d'Augsbourg, prit Barcelone & contribua à amener la paix de Riſwick (1697). La guerre de la ſucceſſion d'Eſpagne lui fournit de nouvelles occaſions de ſe couvrir de gloire. Il répara les fautes de Villeroi en Italie (1702) ſans pouvoir cependant triompher du prince Eugène; moins heureux en Flandre (1708), il perdit la bataille d'Oudenarde, mais ſa campagne d'Eſpagne racheta ce revers. La victoire de Villaviciofa (1710) aſſura la couronne de Caſtille ſur la tête de Philippe V. Vendôme allait achever la ſoumiſſion de la Catalogne, lorſqu'il mourut d'une indigeſtion à Tignaroz. Philippe V fit porter ſon deuil à toute l'Eſpagne, & le fit inhumer à l'Eſcurial. On reproche à ce grand général, objet de la haine de Louis XIV & de Madame de Maintenon, le ciniſme révoltant de ſa vie privée.

22 feuv. 1706.

J'Obeis a vos ordres, Monſieur, & ce ſera toujours avec un ſenſible plaiſir : J'écouteray donc ce ſoir la pièce héroïque de M. Danchet pour ne pas déranger ſes meſures & la parolle qu'on luy a donnée de la repréſenter demain ; l'intéreſt que vous y prenez me prévient trop avantageuſement en ſa faveur pour me laiſſer la liberté de la critique ; auſſy bien loing dy pouvoir trouver aucun androi qui ſoit contraire à la pureté des mœurs, à l'honneur de la relligion & au ſervice du roy (a quoy ſe renferme mon inſpection). Je ne doutte pas que mon foible ſuffrage & mes applaudiſſemens ne previennent ceux du public.

Je ſuis, Monſieur, avec autant d'attachement que de reſpect, Monsieur, voſtre tres humble et tres obeiſſant ſerviteur.

M. D'ARGENSON.

Je viens d'entendre la pièce de *Cirus* qui a paſſé les eſperences que j'en avois conceues : il y a du ſublime, du tendre et du merveilleux.

Je ne doutte pas du ſuccès.

Voyer de Paulmy (Marc-René le), chevalier & marquis d'Argenſon, &c., fils d'un conſeiller de Rouen, vit le jour à Veniſe, en 1652. La république, qui voulut être ſa marraine, le fit chevalier de St-Marc, & lui donna le nom de cet apôtre. Il fut fucceffivement maître des requêtes, lieutenant-général de police de Paris. En 1718, fut fait garde des sceaux, puis préfident du confeil des finances, & en 1720 miniftre d'Etat. Obligé de remettre les fceaux la même année, il fe confola dit-on dans la retraite de la perte de fes places en cultivant les lettres, mais il mourut le 8 mai de l'année fuivante, membre de l'Académie françaife et de celle des fciences ; défintéreffé, ferme mais dur, fec & defpotique, le peuple le redoutait & ne l'appelait que le damné, le juge des enfers ; fa vie privée ne fut cependant pas un modèle, fi l'on doit en croire les Mémoires du duc de Richelieu, auxquels nous renvoyons le lecteur pour plus de détails.

D'Argenfon difait un jour à fes amis : *Je ne fors pas de mon cabinet ; depuis que je fuis miniftre je n'ai pas ufé une paire de fouliers. — Je le crois bien,* lui répondit fpirituellement (Madame de Surgère) ; *chacun vous porte fur fes épaules.*

Lyon le 15 mars 1724.

VOus préfumeriez bien mal de moy, mon cher Monfieur, fi vous penfiez que je fus infenfible ou indifférent à votre filence, pendant que beaucoup d'autres que je n'eftime furement point tant que vous, me faifoient leurs compliments.

Je me fcay un grè infiny de m'eftre plaint, car de quelle maniere qu'on puiffe reveiller le fouvenir de ceux qu'on aime, on peut f'en applaudir, auffi le fais-je de voftre lettre & de vos excufes. Je crois les mériter & mon attachement pour vous, que vous connoiffez a dû vous les dicter, & je les accepte bien volontiers comme

le meilleur & le plus délicieux compliment.

Je me flatte que nous vous verrons à
Paris, il ne fera plus queftion alors de
plaintes, mais uniquement comme je le
fais ici de vous renouveller les affurances
du fincere attachement avec lequel je fuis,
mon cher Monfieur, voftre très humble
& très obeiffant ferviteur.

L'Arch. de Lyon.

Monsieur,

JE ne puis affez vous remercier de la
bonté que vous avez eue de me donner un éclairciffement auffi obligeant que
judicieux fur le mot, qui m'a fait prendre
la liberté de vous confulter. Votre ingénieufe & fcavante explication a mis dac-
cord mes parieurs : ils ont fuivi votre
confeil, & n'ont pas manqués à mon
éxemple de boire à la fanté de leur illuftre
médiateur. Plufieurs de vos ouvrages,
que j'ai lus ou entendus, & cette glorieufe
réputation fi univerfellement établie ont
toujours éxcités en moi des fentiments
d'une admiration infinie ; mais quelque

grande qu'elle foit, elle n'égale point encore l'inclination & l'attachement, que me donnent pour vous cette douceur & cette honneteté, qui font que fans méprifer ma jeuneffe vous daignez defcendre jus-qu'a moi, m'aiclairer & m'inftruire. Vous raffemblez, Monfieur, deux mérites, qu'on a toujours regardés comme prefque incompatibles, celui d'excéllent auteur & celui de galant homme & vous les réuniffez fi parfaitement en vous, qu'on ne peut f'empecher en même temps d'admirer le premier, & d'aimer le fecond. Permettez moi de profiter de votre bonté, & de vous confulter ainfi quelquefois. Je fcais que vous dérober des moments auffi précieux que le font tous vos moments, c'eft faire un vol au public; mais fi vous voulez bien m'accorder cette permiffion, j'y gagnerai trop pour ne point paffer par deffus tous les remords. Vos utiles avis, Monfieur, pourront aider à mon peu de génie, & peut être produire en moi quelque métamorphose : quoiqu'il en foit, j'en aurai une reconnaiffance, qui ne finira qu'avec ma vie. Vous m'ordonnez de vous envoyer ce petit ouvrage de ma façon, qu'on vous avoit defja montré. Le cœur me manque quand il faut expofer une chofe auffi imparfaite à

un auffi grand jour. J'obeis cependant, &
je me flatte qu'au moins vous me tiendrez
quelque compte de mon obeiffance.

D'ailleurs, Monfieur, la méchanceté
de ma poéfie ne doit point vous furprendre. Il y a deux ans que je fis ces vers,
& je n'ai encore que 18 ans. C'eft un portrait philofophique, ou il entre plus de
fpéculation que de pratique, que j'ai mis
en ftances irregulieres.

> L'objet de toute mon étude
> Eft n'avoir point d'inquiétude.
> Oubliant le paffé, je ne m'occupe plus
> Que des moments préfents, les feuls dont je fuis maitre
> Je ne difpofe point par des foins fuperflus
> Du futur, & j'attends qu'il ait commencé d'être.

> Du temps fi précieux je ne perds point d'inftants.
> Dans des pieux écrits je m'inftruis à bien vivre,
> Ou j'orne mon efprit par le choix d'un bon livre,
> Et parmi des amis fideles & conftants
> M'entretenant fans ceffe
> Dans leurs fages difcours je puife la fageffe.

> J'aborre les foucis d'un avaricieux;
> Jamais d'un fol ambitieux
> Les projets turbulents n'ont tourmentés ma vie.
> Je hais les paifibles travaux,
> Et paffant mes jours en repos
> Je ne fuis point le but d'une maligne envie.

> Cette grande tranquillité
> Eft devenue infenfibilité,
> Je n'ai pas des héros le fublime courage;
> Toutefois je me fens, comme eux,
> Paifible aux coups les plus facheux..
> Ainfi j'ai le même avantage.

Tel aimable en l'adverfité
Se fait haïr dans la profpérité
Ofant fe méconnoitre.
Pour moi je ne crains point ces indignes travers,
De moi-même toujours le maitre,
Modefte en la fortune, & fier dans fes revers.

Difciple d'Epicure, ami de fa doctrine,
Je trouve ma félicité
Dans une douce & fage volupté.
Ainfi que lui, je m'imagine
Etre heureux, lorfqu'exempt des vitieux tranfports
Je vis fans crainte & fans remors.

Par quels enchantements, quels charmes,
Infipides plaifirs des sens,
Plaifirs, qui ne caufent que regrets & que larmes,
Dans les cœurs des mortels êtes-vous fi puiffants?
Que de mon aimable innocence
Je chéris plus la jouiffance!

Sans trouble & fans éffroi
J'envifage du fort l'irrévocable loi.
Ainfi fans chagrin, fans ennuie,
Laiffant dans le contentement
Couler mon agréable vie
J'attend la mort tranquillement.

Voila, Monfieur, quels font mes amufements; mais ce n'eft abfolument que
pour paffer le temps que j'ai fait ces vers
la, & bien d'autres; car j'y emploie trés-
peu de travail, & je laiffe aller la nature,
comme elle m'infpire. Depuis deux ans
que ces ftances font faites, j'ai changé
trés-peu de chofes. Ce n'eft pas à dire la
verité, que fi j'avois lieu d'efperer de faire
un jour quelque chofe de raifonable, je
ne m'y appliquaffe, & ne fiffe touts mes

éfforts pour en venir à bout : mais je ne
crois pas pouvoir être fi heureux de
reuiffir jamais à une chofe auffi difficile
que la poëfie. Je ne m'aperçois point que
la longueur de ma lettre me rend impor-
tun. C'eft trop vous ennuyer, je finis en
vous affurant que je ferai toute ma vie
avec autant d'affection que de refpect

Monfieur

Votre trés-humble & trés-obeiffant ferviteur.

REYNAUD.

A Aix ce 25 janvier 1725.

A Fontainebleau le 2 octobre 1726.

VOTRE compliment, Monfieur, fur
ma nouvelle dignité ma fait beaucoup de plaifir, & je vous en remercie,
vous devez être perfuadé auffi que je
feray ravy de pouvoir vous marquer,
Monfieur, combien je fuis véritablement
à vous & du meilleur de mon cœur.

Le card. DE FLEURY.

Copie de ma lettre écrite à Monſeigr le cardi-
nal De Fleury le 7 ſeptembre 1730,

Avec la réponſe de ſon Eminence.

Monseigneur,

QUand la Reine vint à Paris, pour rendre grace à Dieu de la naiſſance d'un Dauphin, Mademoiſelle Autier eut l'honneur de chanter en préſence de ſa Majeſté quelques vers, que javois faits ſur un ſi heureux évênement; j'en ay fait de nouveaux dans l'attente où nous ſommes de voir bientôt notre auguſte ſouveraine : mais avant que de les faire mettre en muſique, je prends, Monſeigneur, la liberté de les envoyer à V. E. & je la ſuplie tres humblement de vouloir bien y jetter les yeux au milieu de ſes importantes occupations pour la gloire du roy & pour le bonheur de l'Etat. J'oſe l'eſperer des bontez, dont elle a toujours daigné m'honnorer, j'ay commencé de payer un tribut, que ſi nos vœux ſont exaucez, nous ferons encore pluſieurs fois obligez de rendre.

Je ſuis avec un profond reſpeɕt.

M.

A Verfailles ce 9 feptembre 1730.

J'Ay lû avec plaifir, Monfieur, la piéce de vers que vous avez compofée à l'occafion de la naiffance de M. le duc d'Anjou & je l'ai trouvé parfaitement belle & digne de vous. Il paroit bien que vous eftes inépuifable fur les chofes qui regardent la gloire de leurs Majeftés, & quoiqu'il ne foit point encore feur que la Reine aille à Paris, vous pouvez cependant faire mettre ces vers en mufique, parceque dans quelque cas que ce foit, je fuis perfuadé que fa Majefté les entendra bien volontiers.

Je vous prie de croire que j'ay pour vous, Monfieur, l'eftime la plus parfaite.

Le card. DE FLEURY.

A Marly ce 27ᵉ aout 1732.

J'Ay reçu, Monfieur, avec votre lettre d'hier la copie du difcours que vous avés prononcé à l'académie le jour de la St Louis. Je le lirai volontiers à mon premier loifir, & je ne doute pas qu'il ne réponde entierement à l'idée que l'on conçoit avec juftice de tout ce qui fort de votre plume. Je vous fuis trés obligé de votre attention à m'en avoir fait part, & je vous prie d'être toujours perfuadé, Monfieur, de la parfaite eftime que j'ay pour vous.

Le card. DE FLEURY.

A Iffy le 25 may 1737.

JE vous fuis trés obligé, Monfieur, de la continuation des fentimens que vous voulés bien me témoigner. Je vois avec plaifir que votre mufe ne s'endore point, mais votre amitié pour moi lui a permis un peu trop de licence. Je vous prie d'être perfuadé, Monfieur, de la parfaite confidération que j'ay pour vous.

Le card. DE FLEURY.

André-Hercule de Fleury naquit à Lodève, le 22 juin 1653, de Jean de Fleury, écuyer, feigneur de Die, de Val-quières & Vernafobre, & de Diane de la Treille de Fofières, d'une ancienne nobleffe de Languedoc. Il fit fes premières études au collége de Clermont (aujourd'hui, Louis-le-Grand), fit fa philofophie dans celui d'Harcourt. Deftiné à l'état eccléfiaftique, il fut reçu & inftallé chanoine de l'églife de Montpellier en 1668; obtint à 22 ans la charge d'aumônier de la reine, & en cette qualité, tint un des coins du poële au mariage du duc d'Orléans, en 1692. Louis XIV le nomma à l'évêché de Fréjus, le 1er novembre 1698. Chéri de fon peuple, ce prélat l'édifie par fes exemples & par fa prudence le garantit même, en 1707, des fureurs de la guerre. — A son lit de mort, le roi de France, par un codicille de son testament, le désigne comme précepteur de Louis XV. Pendant les agitations de la régence, il sut conserver la bienveillance du duc d'Orléans. Ce prince ayant remarqué le goût du jeune roi pour son précepteur, lui proposa l'archevêché de Reims, mais il refusa d'être le premier duc & pair de France, pour ne pas s'éloigner de son élève. En 1726, il fut fait cardinal, & bientôt après Louis XV le plaça à la tête du ministère. Il avait alors 73 ans, & montra jusqu'à près de 90 ans une tête saine, libre & capable d'affaires. Jusqu'en 1740, tout prospéra. Il mourut à Issy, près de Paris, le 29 janvier 1743. On lui reprochait d'avoir, dans les derniers temps de sa vie, causé de grands malheurs à la France, en voulant, autant qu'il était possible, introduire dans l'administration publique l'économie qu'il mettait dans sa maison. Le cardinal de Fleury ne fit pas pour les hommes à talens tout ce qu'il aurait pu faire. Son âge & son caractère le portaient à penser qu'il n'y avait plus en France d'hommes de génie, & que, quand même il y en aurait, on pouvait s'en passer. Enfin les ennemis du cardinal lui ont reproché d'avoir favorisé les premiers penchants qui détachèrent Louis XV de la reine. Mais les gens instruits savent que, loin d'avoir eu ce tort, il osa faire des remontrances au roi, qui lui répondit : *« Je vous ai laissé la conduite de mon royaume, j'espère que vous me laisserez maître de la mienne. »*

A Moulins le 21 juin 1727.

VOus pouvez estre convaincu, Monsieur, que jauray toujours pour les deux personnes que vous me recommandez, tous les égards que méritte une pareille recommandation, & que si le controlle de Vichy vient à vaquer, je vous en donneray avis sur le champ.

Il est vray que le travail qui m'occupe

maintenant, n'eſt pas celuy que je choi-
ſirois. *Si me fata meis paterentur ducere
vitam auſpiciis.* Je trouverois plus de
douceurs à lire *Homere* & *Virgille*, qu'a
méditer l'ordonnance de 1680, & le tarif
de 1667, il eſt plus agréable de jouir à
Paris du commerce des académiciens,
que d'eſtre toujours dans une province,
parmi des officiers de gabelle ; quand,
par mes ſoins j'aurois détruit tous les faux
ſonniers du monde, l'on ne m'envoiroit
pas de l'hotel des fermes la moindre couronne de lauriers, ce n'eſt qu'a l'académie qu'on en trouve ; nous autres finan-
ciers nous n'aſpirons point à l'immortalité, & nos recompenſes ſe bornent à la
vie préſente. Cependant puiſque la raiſon,
& le conſeil de tous mes amis, m'ont engagé dans cette carierre, je travaille uniquement à la bien remplir.

Je fais ce qui pouroit m'en détourner.
Je crains les muſes & je les évite. Comme
un homme ſage, gueri de ſon amour,
évite la rencontre de ſa maitreſſe, de peur
que la premiere paſſion ne ſe rallume.
Après tout, Monſieur, je dois aimer cette
carierre où je ſuis, puiſqu'elle me donne
l'occaſion de vous eſtre bon à quelque
choſe, & de vous donner des preuves de
l'entier attachement avec lequel j'ay l'hon-

neur d'eſtre, Monſieur, votre trés humble
& trés obeiſſant ſerviteur.

RACINE.

Louis Racine, ſecond fils de Jean Racine, né à Paris, en
1692, perdit ſon père de bonne heure. Il demanda des avis à
Boileau, qui lui conſeilla de ne pas ſ'appliquer à la poéſie;
mais ſon penchant pour les muſes l'entraîna. S'étant retiré
chez les Pères de l'Oratoire-de-N.-D.-des-Vertus, il y com-
poſa en 1720, le poëme ſur la grâce. Les chagrins que ſon
père avaient eſſuyés à la cour, lui faiſaient redouter ce ſéjour,
mais le chancelier d'Agueſſeau réuſſit, pendant ſon exil à
Freſnes, à le réconcilier avec le monde qu'il avait quitté. Il
ſe fit des protecteurs qui contribuèrent à ſa fortune. Le cardinal de Fleury, qui avait connu ſon père, lui procura un
emploi dans les finances, & il coula dès lors des jours tran-
quilles avec une épouſe qui faiſait ſon bonheur; un fils unique, jeune homme qui donnait de grandes eſpérances, périt
malheureuſement dans l'inondation de Cadix, en 1755.
Racine, vivement affligé de cette perte, ne traîna plus
qu'une vie triſte, & mourut le 29 janvier 1763.
L'Académie des inſcriptions le comptait parmi ſes mem-
bres. Ce poète fut bon citoyen, bon époux, père tendre,
fidèle à l'amitié, reconnaiſſant envers ſes bienfaiteurs. Il était
ſurtout fort modeſte & fort dévot; mais ſon air était froid &
ſa phyſionomie peu revenante; auſſi Robbé diſait-il : c'eſt
un ſaint qui a la figure d'un réprouvé.
On a de lui des œuvres diverſes, en 6 vol. in-12, 1747 ou
6 vol. in-8°, 1808.

---

13 janvier 1727.

IL me paroit, Monſieur, qu'il n'eſt pas
de la dignité de l'academie de ſouf-
frir que le directeur aille ſans cortege
à une fonction auſſi celebre que celle de
demain, ainſi vous voulez bien que le

rendez vous foit chez moy demain à midy précis, je manderay vos officiers, & après un diner frugal nous nous mettrons en marche.

Je fuis, Monfieur, voftre trés humble & tres obeiffant ferviteur.

DE VALINCOURT.

Jean-Baptifte de Trouffet de Valincourt, confeiller du roi en fes confeils, fecrétaire général de la marine & des commandements du comte de Touloufe, né le 1er mars 1653, d'une famille noble, originaire de St-Quentin en Picardie, était académicien de la Crufca, honoraire de l'académie des fciences, & reçu à l'Académie françaife en 1699. Il mourut à Paris, en 1730. La fatire que Boileau lui a adreffée, a plus contribué à fauver fon nom de l'oubli, que fes propres ouvrages.

---

19 novembre 1728.

JE vous prie, Monfieur, de jetter les yeux fur ces deux bagateles & de me les renvoyer avec des notes les plus feveres qu'il fe pourra, c'eft ce que l'amitié & la confiance demandent. On m'a déja fait voir que la grande eft la moins ennuyeufe, & je fuis obligé d'envoyer l'une & l'autre aujourd'hui.

2

23 décembre 1728.

VOILA, Monfieur, le premier opéra que jaye lu de ma vie, non feulement avec plaifir, mais avec admiration; le changement fait à la fin l'embellit, & celui que vous propofez de faire au prologue l'embellira encore. Mais je ne paferay jamais ce que dit la Paix, page xi du prologue.

Le plaifir vous appelle, & fi la Paix m'eftoit venue confulter fur cela dans ma chambre, je lui aurois dit : Vous eftes fière, ma mie, de fonger à donner de telles leçons a tout ce qu'il y a de filles & de femmes de condition à Paris, qui iront vous écouter; fongez vous bien aux conféquences qu'elles en peuvent tirer & à l'ufage qu'elles en peuvent faire; fongez vous que Platon & Ovide lui même, c'eft tout dire, ont prévu et fenti le mal que produifoient ces fortes de confeils.

Multas illa facit quod fuit illa Jovi.

Cependant ces gens là étoient des payens & ne connoiffoient point les loix que nous impofe la religion sous laquelle nous vivons.

Quid oportet
Nos fapere a vulgo longe lateque remotos.

24 février 1729.

C'Est, Monſieur, pour vous avertir que 7 academiciens viennent diſner chez moy lundy prochain, & qu'ils ſouhaitent fort que vous faſſiez le 8ᵉ. Si vous me faites cet honneur, je vous prie d'arriver à onze heures ou onze heures & demie, parceque M. l'abbé D'Olivet veut avoir voſtre avis ſur quelque choſe qui demande un peu de temps.

Mandez moy, s'il vous plaiſt, quel eſt l'auteur de la petite comédie qui a pour tiltre : *Le Florentin.*

Les chiens de ce pays cy, mon cher confrere, ne me fourniront pas de quoy m'acquiter envers vous de l'aimable con-verſation de lutin avec mutine; ils ne ſavent que parler des groſſes dents aux *ſangliers* & aux *renards,* & les *nymphes* qui les ſuivent dans nos foreſts ne leur en demandent pas davantage. Ces *nymphes* ſont de petites perſonnes que vous avez veues, ſœurs de ce pauvre Chanvers, & qui a preſent ſont des ſuivantes déter-minées de Diane, a cela près qu'elles ſont ſouvent dans l'incommode ſituation de la pauvre Calipſo.

On ma donné comme a vous un petit

chatnoir, mais je ne lay point encore entendu parler galammant & feulement aller
chanter pouilles aux bléraux au fond de
leurs tanieres.

Cela vous paroit peut eftre a prefent
bien groffier, mais fouvenez vous d'un
temps ou vous aviés la complaifance de
vous en amufer. Pour moy j'y fuis re-
tombé, & fi je vous avois comme alors,
mais ne difons rien qui puiffe nous eftre
reproché par le beau monde.

Adieu, mon cher confrere, je fuis du
meilleur de mon cœur tout a vous.

St-Aulaire.

Mille & mille amitiés à noftre illuftre et cher
capitaine.

A Meillars le 5ᵉ avril 1728.

LE fouvenir d'un ami éloigné de cent
lieues eft chofe méritoire, mais mon
cher confrere en faire mention le verre
à la main avec une compagnie telle que
vous la nommés, c'eft une faveur infigne
& dont la valeur doit fe mefurer au mérite des convives, juges de ma reconnaiffance il s'en faut bien que les ydées
que je rappelle de mon confrere foient de

mefme prix mais elles fe préfentent fouvent.

Tous ceux qui vous ont veu icy me
pleignent de ne vous y avoir plus & me
demandent de vos nouvelles.

Que ne ma point dit ce petit bois où
vous vittes avec tant de regret déchirer
le levreau que vous veniés de tuer il rit
encore de votre colere;

Ne croyes pas que j'y coure avec lar-
deur dont vous me deffendes l'excès elle
diminue avec mes forces.

Je nay a craindre dautre ennuy que
celuy de trop vivre je me voy a tout
moment dans ce danger.

Letat de la fanté de Mᵉ De Lambert
m'allarme & m'inquiete. Je ne fuis pas
trop content de ma bergere elle met de
la colere à la place de la pitié qu'elle me
doit de mes affaires domeftiques je ne
voy point finir celles qui me feroient
avantageufes & jen voy naitre de défa-
gréables par lavidité dun nouveau curé
& linfidelité de ceux en qui jay pris trop
de confiance. Mes ruiffeaux ont forcé
digues & levies & fe faifant un cours nouveau laiffent a fec étangs & moulins.
Mais ne nous abandonnons point à ces
ydées noires il vaut mieux que vous
faffies encore de quelque jeune beauté

un portrait digne de donner de la jaloufie à la roine de Cythere.

Nous nous retrouverons peut eftre encor à ces repas ou lefprit & les fens font fatiffaits, & plus encor le cœur.

Je puis encor me voir en fituation de pouvoir dire un mot en faveur des amis dont vous me parlés, mais je ne croy pas qu'il foit queftion de leurs projets au moins pour cette année.

Je vous conjure de faire pour moy mille tendres amitiés a noftre illuftre & cher capitaine.

Je fuis intimement a vous.

ST-AULAIRE.

A Meillars le 29ᵉ may 1730.

François-Jofeph de Beaupoil, marquis de Saint-Aulaire, poëte aimable, né dans le Limoufin, d'une famille connue dans le XVᵉ fiècle, porta les armes pendant fa jeuneffe. Il les quitta pour fe livrer aux plaifirs & aux lettres. La ducheffe du Maine l'appela à fa cour dont il fit toutes les délices pendant quarante ans. Ce fut pour cette princeffe qu'il fit, en jouant au fecret, l'impromptu fi connu :

> *La divinité qui f'amufe*
> *A me demander mon fecret,*
> *Si j'étais Apollon, ne ferait pas ma mufe ;*
> *Elle ferait Thetis... & le jour finirait.*

La ducheffe du *Maine* appelait St-Aulaire fon vieux berger.

Ce poëte, reçu à l'Académie françaife en 1706, mourut à Paris le 17 octobre 1742.

Ce mardy matin.

JE leus hier dans noſtre aſſemblée, Monſieur, la lettre que vous m'aviez fait l'honneur de m'écrire quelques jours auparavant. Elle eut tout le ſuccès que j'en attendois & tous mes camarades unanimement ſe joignirent a moy pour obtenir de Mademoiſelle Duclos ce qu'elle ne devoit accorder qu'a voſtre ſeul mérite. Ainſi ne differez point à nous envoyer voſtre pièce qui ſera diſpoſée de la facon que vous leſperiez. Prenez tout cecy je vous prie pour la plus petite marque de leſtime & de lamitié que jay pour vous. Votre réputation avoit commencé ce que le peu de commerce que jay eu avec vous a parfaitement achevé & ma mis en eſtat de pouvoir vous aſſurer avec toute la ſincerité poſſible que je ſeray toute ma vie

 Monſieur

Voſtre tres humble & tres obeiſſant ſerviteur.

Baron.

(Michel Boyron, dit) Baron, né à Paris en 1653, fils d'un marchand d'Iſſoudun, qui ſe fit comédien. Baron entra dabord dans la troupe de la *Raiſin,* & quelque temps après dans celle de *Molière.* Il quitta le théâtre en 1696, par dégout ou par religion, avec une penſion de mille écus que le roi lui faiſait. Il y remonta en 1720, âgé de 67 ans; & il fut auffi applaudi malgré fon grand âge, que dans fa première jeuneffe. Il mourut à Paris, le 22 octobre 1729; fon efprit brillait dans la converfation, comme fur le théâtre.

On a imprimé en 1860, 3 vol. in-12, de pièces de théâtre, fous le nom de ce comédien.

DAns la jufte crainte que j'avois, Monfieur, que ma lettre ne fe perdit dans la foule de celles que vous recevez le premier jour de l'année, j'ai mieux aimé differer un peu à me donner l'honneur de vous écrire. J'y aurois peut eftre gagné en me trouvant avec les autres, & dans un temps deftiné à faire plus d'une lecture ennuyeufe vous m'auriez fçu meilleur gré de vous derober quelques momens : mais ceft une réflexion quon ne fait pas toujours dans les occafions ou lon fuit fon penchant, & l'on aime a trouver des inftans ou les perfonnes font plus libres pour leur apprendre combien on penfe a elles. Je ne forme de vœux, Monfieur, que pour voftre fanté. Je say quà l'égard de la fortune vous penfez comme le fage. *Neque divitias neque paupertatem* & que content d'un agréable néceffaire vous dites volontier avec Horace :

> Loin d'une chaumiere & d'un Louvre
> L'aimable médiocrité

Trouve fous le toit qui la couvre
L'aifance & la tranquilité.
Jouiffez longtemps, Monfieur, de cet heureux état.
Vous avez des amis
Dont avec vous chacun connoit le prix.

Ils connaiffent auffi parfaitement celuy de votre amitié j'en ay moi-meme plus d'une fois reçu des preuves que je n'oubliray jamais, & fans me flatter de la mériter jefpere que vous ne la refuferez pas à la reconnaiffance & a leftime parfaites avec les quelles jay lhonneur deftre

Monfieur

Votre tres humble & tres obeiffant ferviteur.

ROBERT DU CHALARD.

Ce 5 janvier 1731.

Madame Du Chalard vous fait, Monfieur, mille complimens fur la nouvelle année. Nous fommes lun & lautre fort triftes de la juftice que lon a rendu a Monfieur de Soiffons en le faifant archeveque de Sens & toute la ville eft fort affligée de fa perte & a mon particulier je perds plus qu'un autre par l'attachement que javois pour luy & les bontés quil a toujours eu pour moy.

A Verſailles ce 28 mars 1733.

M. De Boullongne vient, Monſieur, de me remettre le préſent que vous m'aviez deſtiné. On ne peut être plus flatté que je le ſuis de l'honneur de votre ſouvenir. J'avois deſja leu ces deux diſcours que jay cherché avec empreſſement a cauſe de la part que vous y avez. M. l'Eveſque de Vance ſembloit navoir rien laiſſé a déſirer ſur l'éloge de M. de Metz; cependant vous y avez ajouté des traits qui mettent le comble à la gloire de ce digne prelat, & a la votre. Jen dis hier mon ſentiment à M. le Vaſſor dont le commerce m'eſt d'autant plus gracieux que nous parlons ſouvent de vous enſemble.

Accordez moy je vous ſupplie quelque part dans votre amitié en faveur du très-parfait attachement avec lequel je ſuis

Monſieur

Votre très-humble & très-obeiſſant ſerviteur.

TANEVOT.

A Verſailles ce 7 mars 1744.

J'Ay l'honneur de vous envoyer, Monſieur, la lettre de notre amy, comme
nous en ſommes convenus ce matin, je
luy eſcrit le reſultat de notre converſation
afin qu'il ſache a quoy ſ'en tenir ſur ce
qui doit compoſer ſon 5ᵉ volume.

Je ſuis avec les ſentiments du plus parfait attachement

Monſieur

Votre très-humble & très-obeiſſant ſerviteur.

TANEVOT.

<hr>

A Paris ce 20 juin 1744.

J'Ay l'honneur, Monſieur, de vous envoyer un avertiſſement ou préface
que j'ay faite pour l'*Homme ſingulier* ſur
cellé de notre amy & ſuivant la miſſion
empreſſée qu'il m'en a donnée. Je me
flatte que vous la trouverez dans le point
de vue que vous ſouhaitiez, j'en ay retranché, ce me ſemble tout ce qui pouvoit eſtre occaſion de ſcandale, & ſi vous

l'aprouvez, M. Prault qui doit je crois vous voir demain l'imprimera tout de fuitte parce qu'il attend après pour achever l'impreſſion de la pièce & fermer une édition dont les longueurs ont bien impatienté M. votre confrere.

Voulez vous bien me permettre de vous renouveller les aſſurances du tendre & parfait attachement avec lequel je ſuis

Monſieur

Votre très-humble & très-obeiſſant ſerviteur.

TANEVOT.

M. Alexandre Tanevot naquit à Verſailles en 1691. Succeſſivement commis aux finances, cenſeur royal, aſſocié aux académies de Nancy & des arcades de Rome, il cultiva les lettres au milieu de l'embarras des affaires. Ses ouvrages, 3 vol. in-12, recueillis en 1766, conſiſtent en tragédies, fables, contes, épîtres, chanſons, &c. Quoiqu'il eut occupé des places qui enrichiſſent (dit un de ſes biographes), il ne laiſſa préciſement que ce qu'il fallait pour payer ſes dettes & pour récompenſer ſes domeſtiques, il mourut à Paris en 1773.

———————

ON ne peut être plus flatté que je le ſuis, Monſieur, du préſent que je reçois de vous. Il m'eſt infiniment cher, & par lui-même, & comme une marque de votre ſouvenir & de votre eſtime. Vous ſçavez depuis long-temps combien l'un

& l'autre me font précieux. Je ne puis
affez vous remercier de ce nouveau gage
que vous voulez bien m'en donner.
Jai lû & relû, je ne fcai combien de
fois, le difcours de M. de Vence & le
vôtre. Jai trouvé dans le premier le pere
Surian : c'eft vous dire qu'il eft plein de
penfées fines & de morceaux frapant. Je
fuis enchanté furtout de celui qui regarde l'éloquence de la chaire, il en
parle en grand maitre, et l'on voit bien
que c'eft à l'expérience autant qu'au génie
qu'il doit ce qu'il dit.

Pour vous, Monfieur, vous avez rem-
pli votre fonction d'une maniere qui vous
fait grand honneur. On trouve, dans
votre difcours, avec une foule de penfées
délicates, ce ftyle noble & nerveux en
même temps, qui malheureufement pour
la nation commence à y devenir rare, ces
beautés mâles & non fardées qui carac-
térifent tous vos ouvrages, & qui puifées
dans la nature toujours la même ne font
point sujettes aux bizarres variations de
la mode & feront des beautés dans tous
les tems, ce qu'on ne fcauroit dire de
celles qu'on trouve dans la plupart des
ouvrages d'aujourd'hui.

Vous avez joins l'homme de lettre &
le citoyen de façon à ne laiffer aucun

doute que vous n'ayez pris le modele fur vous même.

Enfin j'ai trouvé dans votre difcours votre génie & votre cœur ; je croy ne pouvoir en faire un plus grand éloge.

J'ai été témoin (& jugés avec quel plaisir), de ceux qu'on lui a donnés ici en bon lieu fans parler de ceux de l'academie ou il en a été comblé, & je crois entendre ceux qu'il a reçûs à Paris.

Permettez Monfieur, moins pour votre honneur que pour le mien que mes foibles applaudiffements fe joignent à tant d'autres. Confervez moi, je vous en fuplie, les bontés dont vous m'honorez, & foyez bien perfuadé de l'inviolable & refpectueux attachement avec lequel je ferai toujours Monfieur, votre tres humble & tres obeiffant ferviteur.

LA VISCLÈDE.

A Marseille le 15e avril 1733.

Antoine-Louis Chalamond de La Vifclède, fecrétaire perpétuel de l'Académie de Marfeille, né à Tarafcon en 1692, mort à Marfeille en 1760 ; bel efprit de province, dont le nom quoiqu'infcrit fur le regiftre triomphal de prefque toutes les Académies littéraires de France, n'a pu l'être au temple de mémoire.

TOut ce que vous me demandez Monfieur eſt fait. J'ai l'aveu de M. le
cardinal qui m'a dit je ne recommande
perſonne, mais quand on me parlera de
vous, je dirai ce que je penſe ; on ne peut
être reçu ny traité avec plus de bonté que
je l'ay été par luy tant ſur ce chapitre que
ſur tous autres. J'en ay parlé à M. Ame-
lot qui m'a dit n'avoir perſonne en vue
& qui a bien reçu ma propoſition. Vous
voyez bien que c'eſt par la que j'ay commencé avant que de ſolliciter votre amitié que je ne compromettray jamais.

Recevez Monſieur tous mes remercimens & les aſſurances des ſentimens
avec lesquels je ſuis votre très-humble &
tres obéiſſant ſerviteur.

PECQUET.

Avers, le 24 mars 1737.

Vous pouvez donc compter ſur ces deux fon-
dements de notre édifice.

———

JE demande & j'attends de vous Monſieur deux marques de l'amitié dont
vous m'avez toujours honoré vous savez
que jay donné une traduction de *l'Aminte*

du Taſſe & une du *Paſtor fido.* Je vais donner ces jours cy un traité de l'art de négocier ; la traduction de *Larcadie* eſt prete, & je vous ay parlé d'un traité du droit public auquel je vais donner la derniere main. Ces circonſtances ont fait penſer à quelques uns de mes amys que je devrois ſonger à une place à l'academie françoiſe l'idée m'en a flatté, cela n'eſt pas difficile à croire, mais cela n'eſt il pas trop fol ; pour me juger mettez vous en ma place voilà le premier effet que j'attends de votre amitié.

Le ſecond, ſi je me ſuis pas fol, & que vous veuilliez bien m'accorder vos ſuffrages & faire penſer comme vous vos amys. Je mets à la tête M. l'abbé Bignon qui vous reſpecte avec raiſon. Il avoit de l'amitié pour feu mon père. Le cas peut eſtre fort prochain par la grande maladie de Mgr de Clermont.

Vous ſentez Monſieur qu'en même temps que dans un cas de vacance je veux remplir tous les devoirs d'uſage, il eſt de la ſageſſe de ne point produire légèrement, & ſans avoir une eſpérance raiſonnable de ſuccès. Il y a encore beaucoup d'autres morceaux sortis de ma plume que je pourois citer ſi la fidélité de mon métier le permettoit.

Je suis avec un parfait attachement
Monsieur votre tres humble & tres obeïs-
sant serviteur.

PECQUET.

Avers le 22 mai 1737.

Cette missive est scellée aux armes de M. Ame-
lot à qui elle est recommandée.

APRÈS vous avoir renouvellé les
vœux que je vous dois Monsieur,
toute l'année je vous écris moins comme
à un des quarante que comme à mon
amy sur les sentiments duquel je compte.
Vous savez quelles étoient mes vues mais
j'hésite à me mettre sur les rangs à l'occasion de la place vacante à l'académie
avant que de savoir s'il ne se présente pas
quelqu'un de ces seigneurs contre lesquels, il ne me seroit ny possible ny convenable de lutter, & je ne veux point faire
parler de moy dans le monde à propos
de rien. Nous avons encore 3 semaines
devant nous. J'attends donc de votre
amitié que vous voudrez bien m'éclairer
& me conseiller autant que vous pourrez. Vous connoissez tout mon attache-

ment il ne pourra eftre égalé que par ma reconnaiffance. Je fuis audela de toute expreffion Monfieur, votre tres humble & tres obeiffant ferviteur.

PECQUET.

Avers ce 4 janvier 1738.

VOus ne pouviés Monfieur me donner une marque plus fenfible de votre amitié, qu'en vous expliquant auffi confidemment que vous faites dans la lettre dont vous m'avez honoré. Je m'attendois bien à un bon confeil de votre part, mais je n'ofois me flater d'y trouver autant de conformité avec les précautions que j'avois déja déclaré que fi M. de La Trémoille qui eft le feigneur dont vous voules parler fe mettoit fur les rangs, je ne penferois plus à la place, parce qu'il ne feroit pas fage à moy de luter contre un pareil concurrent. Notre miniftre étoit convenu avec moy qu'il vérifieroit la chofe, & qu'en fuite il agiroit en conféquence de mes vues fi le bruit ne fe trouvoit pas fondé, à l'égard de M. l'abbé de St Cyr je n'en avois point entendu parler. Quoique ce ne fut point une puiſſance auſſi redoutable, ſi cependant il étoit apuyé d'une certaine façon je renoncerois également à la partie, parce que je ne veux point faire de fauſſes démarches. Je vais donc me renfermer dans ma coquille jus-qu'a ce que tout cela ſoit tiré au clair afin de ne point paroitre mauvais praticien dans *cet art* dont on vous a dit quelque bien. Si juſquicy vous ne laves point reçu, c'est que vous etes fort audeſſus de ces choſes là, & ce n'eſt reellement que par pure obeiſſance que je joins icy un billet pour mon libraire à qui je marque de vous donner un exemplaire relié non ſeulement de ce petit ouvrage, mais encore de mes trois traductions : vous ſerez le premier à vous plaindre de ma docilité, mais j'aurai au moins le plaiſir de vous prouver le véritable attachement avec lequel j'ay l'honneur d'être Monſieur pour toute ma vie votre trés humble & trés obéiſſant ſerviteur.

PECQUET.

A Verſailles, ce 8 janvier 1738.

Antoine Pecquet, grand maître des eaux & forêts de Rouen, & intendant de l'école militaire en ſurvivance, né en 1704 & mort le 27 août 1762, était un homme d'un eſprit très-cultivé, & qui ſ'était conſacré à la politique, à la philoſophie, à la littérature & à la morale.

VOs amis, Monfieur ne fauroit vous oublier même au milieu du tumulte de la cour, je fuis depuis deux mois à Verfailles, où je fais un métier qui me convient peu, je m'y fuis fouvenû de vous & votre idée m'a délaffée de l'ennuy que me caufent toujours les lieux où la fortune habite, vous en jugerés par la petite ode que je vous adreffe, comme la chofe vous regarde je vous prie d'y corriger les fautes que vous y trouverés, elle ne m'a pas beaucoup couté, parce que j'y ay exprimé naturellement la manière dont je penfe fur vôtre compte, je voudrois qu'elle fut digne de l'immortalité, par le feul plaifir que j'aurois d'éternifer les fentimens d'eftime avec lesquels j'ay l'honneur d'eftre Monfieur, votre très humble & très obeiffant ferviteur.

DELILLE.

A Verfailles, le 30ᵉ juillet 1737, au royal tambour dans l'avenue de St-Cloud.

A M. Danchet de lacademie françoise à la bibliotheque du roi, rue Richelieu.

MONSIEUR,

JE vous envoie les ſtances du grand Corneille, qui vous ont frapé & que jai déterrées dans un livre aujourd'huy inconnu. Semblable à ce prince du théâtre par plus d'un trait, vous lui reſſemblez par la reconnaiſſance, envers des maitres aux quels vous faites honneur. J'ai celui d'êſtre avec reſpect, eſtime, amitié.

Monſieur, votre très humble & très obeiſſant ſerviteur.

TOURNEMINE, Jéſuite.

Tournemine (René-Joſeph de), célèbre jéſuite, naquit à Rennes, le 26 avril 1661, d'une des plus anciennes maiſons de Bretagne. Son érudition était auſſi étendue que variée. Il fut un des meilleurs coopérateurs du journal de Trévoux, & fut bibliothécaire de la maiſon profeſſe des Jéſuites de Paris. Il était d'un caractère fort communicatif, mais trop prévenu en faveur de ſon ſavoir & encore plus de ſa naiſſance, ſe plaignant quelquesfois qu'on le confondît avec un ſimple religieux. Il mourut à Paris, le 16 mai 1739. On a de lui de nombreuſes & ſavantes diſſertations.

Clermont, le 16ᵉ janvier 1741.

SI je pouvois comter ſur vôtre amitié Monſieur, j'en ferois bien plus touché que de vos éloges, ce n'eſt pas que venant d'un home de vôtre caractère, ils ne foient capables de flater, mais je fens trop ce que je fuis & je connois trop cette bonté naturele qui vous a donné de tout tems autant d'amis que votre talens & votre mérite pour me tromper moi-même, fur tout ce que vous paroiffez penfer à mon égard. Fourniffez moi je vous prie des occafions où je puiffe vous donner des marques de mon eftime & de mon zèle pour tout ce qui peut vous intereffer, c'eft votre amitié que je fouhaite & que je cherche & il ne tiendra pas à moi que je ne la mérite par mes foins empreffés & par le refpect & par l'attachement avec lequel je ferai toujours Monfieur, votre très humble & très obéiffant ferviteur.

† J.-B., Evêque de Clermont.

JE fens comme je le dois Monfieur, l'attention dont vous m'avez honoré j'ay retrouvé dans votre difcours la politeffe & les grâces de l'éloquence dont vous êtes depuis longtemps en poffeffion. Nous fommes à plaindre dans nos provinces, nous n'y pouvons conferver

quelques reſtes de bon goût que par re-
miniſcence.

Des fonctions ſerieuſes, les ſociétés
qui nous environnent, l'air que nous reſ-
pirons, tout nous épaiſſit. Vous nous
redonnez une étincelle de ce premier eſprit que vous puiſez à la ſource & vous
prevenez une extinction totale quand
vous Monſieur, ou nos autres confreres
nous font l'honneur de nous communiquer quelques uns de leurs ouvrages.
Je ſouhaiterais de tout mon cœur pouvoir
vous être bon à quelque choſe dans cette
province qui vous a donné la naiſſance
& ou vous pouvez avoir des perſonnes
qui vous intereſſent, vous verriez avec
quels ſentiments d'eſtime & de conſide-
ration, j'ay l'honneur d'être Monſieur,
votre tres humble & tres obeiſſant ſerviteur.

† J.-B., Evêque de Clermont.

Ce 1ᵉʳ avril.

Ce 27 avril.

Dans le moment même Monſieur
qu'on m'a rendu la lettre que vous
me faites l'honneur de m'écrire, j'ay

ordonné qu'on écrivit de ma part au curé du Champ pour le porter à un accomodement avec la perſonne pour qui vous vous intereſſez. Je vous prie d'eſtre bien perſuadé que vous me ſairez toujours un plaiſir tres ſenſible quand vous voudrez m'offrir des occaſions où je pourrai vous donner des marques de mon eſtime & de mon zèle pour tout ce qui peut vous intereſſer.

Un évêque eſt trop heureux de pouvoir eſtre bon à quelque choſe à un diocèſain de votre réputation & de votre mérite.

Je ſuis preſque honteux d'avoir part aux libéralités qu'on fait à l'Académie ſans avoir jamais concouru à ſes travaux & à ſa gloire. Je ſens comme je le dois la bonté que vous avez eu de vous charger du nouveau plan de Paris qui m'eſt deſtiné & de l'avoir remis à Monſieur Marilat qui doit arriver ici inceſſamment.

A l'égard de la nouvelle édition du nouveau dictionnaire qui doit paroître, je vous ſerais très obligé ſi vous vouliez bien le faire remettre au frere Bernard de l'Oratoire, rue St-Honoré. C'eſt lui qui achete pour moi tous les livres nouveaux qui paroiſſent & m'en envoit des ballots par les voituriers de Gannat.

Je ne puis Monſieur en finiſſant ceſte

lettre que vous renouveller les sentiments d'estime & de reconnaissance avec lesquels je serai toute ma vie Monsieur, votre très humble & très obeissant serviteur.

† J.-B., Evêque de Clermont.

J.-B. Massillon, fils de François Massillon, notaire, & de dame Marin, naquit à Hyères, en Provence, le 24 juin 1663, fit ses premières études au collége des Oratoriens de cette ville. Son père l'en fit d'abord sortir pour lui transmettre son étude, mais bientôt il y rentra à la sollicitation des Pères (1681); ordonné prêtre en 1692. Professeur de belles-lettres & de théologie à Pezenas, Montbrizon, Vienne, &c., jusqu'en 1696; directeur du séminaire de St-Magloire à Paris; prédicateur à la Cour pendant l'Avent 1699; pendant le Carême de 1701, 1704, & pour la 3e & dernière fois en 1718. Abbé de Savigny, nommé à l'évêché de Clermont, le 7 novembre 1717, préconisé à Rome, par Clément XI, en mai 1718, sacré le 21 décembre de la même année, reçu à l'Académie française le 21 janvier 1719, à la place de M. l'abbé De Louvois (Camille Le Tellier). Il fit son entrée solennelle dans son diocèse en 1721, & n'en sortit plus que pour aller à St-Denis, prononcer l'oraison funèbre de S. A. R. Madame la duchesse d'Orléans, mère du Régent. Il mourut d'apoplexie à Clermont, dans sa quatre-vingtième année, le 28 septembre 1742; sans argent & sans dettes, mais dans de grands sentiments de piété; faisant les pauvres de l'Hôtel-Dieu ses héritiers principaux, & léguant sa bibliothèque aux chanoines de la cathédrale.

Le nom de Massillon est devenu celui de l'éloquence chrétienne.

Massillon descendit dans la conscience de ses auditeurs; il leur développa les ressorts de leurs actions, il scruta jusque dans les replis les plus cachés de leur âme, & il les confondit par des peintures où chacun fut étonné & honteux de se reconnaître.

Massillon parut en chaire avec cet air simple, ce maintien modeste, ces yeux humblement baissés, ce geste naturel, ce ton affectueux, cette contenance d'un homme pénétré, portant dans son esprit les plus brillantes lumières, & dans le cœur les mouvements les plus tendres.

A Gannat, le 30 décembre 1741.

MONSIEUR,

PErmettez moi de vous faire mes très humbles remerciments de toutes les bontés dont vous m'avez honoré pendant l'année qui va finir, & de vous offrir à son renouvellement les vœux ardens que je fais pour la conservation de votre santé. J'ose aussi vous supplier Monsieur de me permettre de m'interesser à celle de Mademoiselle Danchet, je suis persuadé que chaque année ajoute à sa figure & à son esprit de nouvelles grâces & de nouvelles perfections. Mon père & mon frère ont l'honneur d'unir leurs vœux & leurs respects.

Je suis avec un très-respectueux attachement Monsieur, votre très-humble & très-obeissant serviteur.

NIBAU DE ROCHEFORT.

Je prens la liberté de vous communiquer huit vers de ma facon.

Etrennes à M. de La Porte.

Se distinguer par un mérite extrême,
Etre adoré de ses concitoyens,
Aux grands honneurs allier les grands biens,
Les partager avec la beauté même,

C'eſt votre ſort : qu'y peut on ajouter?
De votre hymen un fils le tendre gage,
Orné des dons qui vous font reſpecter,
Et de vous deux une parſaite image.

Etrennes que j'ai envoyées à M. l'Intendant de Moulins, en 1743.

La foule qui vous environne
Rend hommage à l'honneur du roi,
Le mien ſ'adreſſe à la perſonne
Vos vertus m'en font une loi.

Ma Muſe en longues périodes
Ne vous complimentera point;
Les longs diſcours ſont incommodes,
Mes vœux conſiſtent en un point.

Le choix que vous avez ſeu faire
Vous rend le phœnix des époux;
Le ſang, les yeux, le caractère,
Tout eſt digne d'elle & de vous.

Or qui bien aime bien étrenne,
Couple charmant penſez-y-bien;
Avant la vendange prochaine
Il nous faut un petit Boïen.

Cher gage d'un tendre hyménée
Venez conſommer leurs ardeurs!
Je me plains que la deſtinée
Ait donné le pas à vos ſœurs.

Mais c'eſt à tort que j'en murmure,
Ce n'étoit point encore ſon tour;
Car dans l'ordre de la nature
Les grâces précèdent l'amour.

DE ROCHEFORT.

A Paris, ce mercredi matin.

MADAME la marquife de Créqui nous prie vous & moi d'affifter demain à l'ouverture d'un pâté qui fe fera (l'ouverture f'entend) demain jeudi premier décembre entre midi & une heure en fa maifon. Je me fuis chargé de vous en faire avertir & de favoir votre réponfe.

Je vous prie mon cher Danchet de me mander fi vous pouvez y venir, au quel cas nous nous trouverons chez Fouchet à midy précifes. Votre ami La Foffe fera de la partie, j'efpere que cela ne vous éffraîra pas.

Je vous embraffe du meilleur de mon cœur & fuis plus à vous qu'à moi meme.

ROUSSEAU.

Dimanche.

JE vous fupplie mon cher ami de m'adreffer votre differtation fur les cérémonies nuptiales, pour jufqu'à demain matin. & fi vous en avez encor quelque autre de vous faites moi l'amitié de me les prêter. Je ne leur ferai point deshonneur je vous le promets. Je vous prie auſſi de m'envoier votre copiſte chez moi ou bien de me donner ſon adreſſe afin que je puiſſe envoïer chez lui.

Je vous donne le bonjour mon cher confrere & vous embraſſe de tout mon cœur.

Rousseau.

Rouſſeau (J.-B.), né à Paris en 1671, mort à Bruxelles en 1741 ; avait reçu du ciel cette heureuſe influence qui forme les vrais poètes; la force & la fécondité, l'élévation & la ſoupleſſe, le naturel & le ſublime, un art ſupérieur d'exciter ſa ſurpriſe & d'entretenir l'admiration, ſont ſous ſa plume des efforts puiſſants qui élèvent l'eſprit du lecteur, & le conduiſent ſans effort dans les routes ſublimes qu'il ſe fraye à lui-même.

Ce 23 aouſt.

NOus ſommes fort inquiéttes Monſieur de votre ſanté, quoique vous nous ayez fait l'honneur de venir nous dire adieu, la peur que nous avons que la fievre ne vous ayt repris, fait que nous vous prions de nous donner de vos nouvelles. Nous ſommes avec toute la reconnoiſſance poſſible, vos tres humbles & tres obeiſſantes ſervantes.

M. De Pontchartrain.

H. De Palluau.

A Pontchartrain, ce 31 août.

JE fuis bien fachée Monfieur que vous
ne nous ayez pas fait le plaifir de
venir icy comme je vous en avois prié
mais ce qui m'afflige encore plus c'eft la
caufe qui vous en a empeché j'efpere
pourtant que moyennant l'attachement
que Capron a pour vous votre chutte
n'aura point de fuites facheufes.

Je vous fuis tres obligée d'avoir eu la
bontée de me pretter Lutin j'en ay eu
grand foin & je vous le renvoye en
bonne fantée j'aurrois été charmée de
l'entendre parler car j'ay veu de fes
lettres ecrittes avec beaucoup defprit, je
fuis Monfieur avec toute l'eftime & la
reconnaiffance pofible votre tres humble
& tres obeiffante fervante.

H. DE PONTCHARTRAIN.

A Pontchartrain, ce 30 feptembre.

VOus voulez bien Monfieur que je
m'adreffe à vous pour vous prier
de demander à M. de Montgriffe fa pièce
des Abdérites; nous avons imaginé de
la jouer entre nous autres pour divertir

mon pere & ma mere qui ne l'ont point vu, & comme nous voulons les furprendre je vous fuplie de n'en point parler à mon pere au cas que vous lui écriviez; & par conféquent d'en faire un paquet à mon adreffe fi vous pouvez l'avoir. Nous ne voulons pas non plus Monfieur qu'on fache que nous nous melons de jouer la comédie ainfy ayez la bonté de dire à Monfieur de Montgriffe qu'une perfonne vous la demande pour la lire. J'ay reçu trop de marques effentielles de votre amitié pour ne pas douter que vous ne m'accordiez celle cy fi cela vous eft poffible. J'efpere que vous me connoiffez affez pour eftre perfuadée de la vive reconnaiffance & de la parfaite eftime avec laquelle je fuis Monfieur votre tres humble & tres obeiffante fervante.

PONTCHARTRAIN
ducheffe de NIVERNOIS.

J'oubliois de vous dire Monfieur que nous voudrions bien auffy avoir le prologue & le compliment.

A Monfieur

Monfieur DANCHET

à la Bibliotheque du roy,

à Paris.

A Pontchartrain, ce 20 octobre.

NOus avons apris Monſieur que vous avéz eu la fievre pendant pluſieurs jours ce qui nous a beaucoup inquiété, mais maman nous a aſſurées qu'elle vous avais vue à Paris, & que vous étiez en bonne ſanté, cela nous a faits grands plaiſirs; nous ne doutons pas que vous ne ſachiez l'accident qui eſt arrivé à grand papa il ſe porte un peu mieux; maman & bon papa vous font mille amitiés, & nous ſommes Monſieur avec beaucoup de reconnaiſſance, vos tres humbles & tres obeiſſantes ſervantes.

M. DE PONTCHARTRAIN

H. PALLUAU.

MON pere m'a montré Monſieur la lettre que vous avez eu la bonté de luy écrire, je ſuis fort ſenſible aux remarques que vous voulez bien me faire faire ſur mon écriture & mon ortographe, j'eſpere que moyennant les avis que vous voudrez bien me donner & l'attention que j'y feray je pourray m'en corriger…

Je ne puis vous celer Monſieur que je ſuis tres fachée de ce que vous pretendez qu'il n'y aura plus d'étude pour

Me de Nivernois; feroit il poffible que mon changement de nom diminuat l'amitié que vous avez bien voulu me marquer juf-qu'a préfent. Tout ce que je puis vous dire avec vérité c'eft que Me de Nivernois fera auffy docile écoliere de Monfieur Danchet que Mlle de Pontchartrain, qu'elle ne perdra jamais le fouvenir des foins que vous avez eu la bonté de prendre d'elle & que fa reconnaiffance fera éternelle.

J'ay appris avec bien du chagrin la mort de M. Bignon, outre la proximité qui nous lioit je fçay qu'il étoit fort vôtre amy & c'eft une grande raifon pour moy pour m'y intéreffer très-vivement je me flatte que vous êtes perfuadé de la part que je prends à tout ce qui vous touche & de l'eftime avec laquelle je fuis Monfieur votre tres humble & tres obeiffante fervante.

H. De Pontchartrain.

JE fuis flatté comme je le dois Monfieur de l'honneur que l'académie à bien voulu faire à M. de Nivernois; mais je vous avoue que je fuis encore plus touchée de l'amitié que vous voulez

bien luy marquer & de leffort que vous
avez eu la bonté de faire pour vous
trouver à fon élection ; elle m'auroit
parue imparfaite f'il n'avoit pas eue
votre fufrage ; & c'eft fans exception
celuy que je defirois davantage pour luy ;
je crains cependant que vous ne vous
foyez trouvé incomodé d'eftre forty de
chez vous peut eftre un peu trop tot, &
mon premier foin en arrivant à Paris
fera de m'en informer ; toutes les obligations que je vous ay vous répondent
de la fincérité des fentiments avec lesquels jay lhonneur d'eftre Monfieur votre
tres humble & tres obeiffante fervante.

PONTCHARTRAIN D. DE NIVERNOIS.

JE fatiffait, Monfieur, à vos defirs.
Vous m'avez demandée la defcription
du *** : je vous l'envoye. Cependant
n'attendés pas de moy une defcription
qui vous fatiffaffe entierement. Je fouhaite qu'elle ne faffe qu'augmenter votre
curiofité, & que par la elle nous procure
le bonheur de vous voir. Que les rat-
tures ne vous étonnent point c'eft la faute
de mon fecrétaire.

Au refte ne les lizes point je feray témoin de vos actions; fi vous entre-prenez de les lire tout eft perdu : entrons en matiere. La defcription eft dans cet autre papier.

Attribuée à MONCRIF.

A Monfieur

Monfieur DANCHET *de l'Academie françoife.*

(Puis une main étrangère & que nous trouvons être l'é-criture de Danchet a ajouté en marge) :

Par Neaufe.

A Monfieur

Monfieur le comte de PONTCHARTRAIN

Pour Monfieur le duc DE NIVERNOIS

A Pontchartrain.

JE n'avois pas befoin de vos louanges pour fatiffaire à vos défirs. Jaurois déja fait par mon propre mouvement ce que vous me demandés, fi cela m'avoit été poffible. Mais javois entrepris la defcription du parc & non celle du château. Dans celle cy j'aurois placé le portrait ; non feulement de cette jeune bauté qui fera toujours préfente à mon cœur, mais de ceux qui luy ont donné le jour & qui fe reconnaiffent avec plaifir dans elle par les vertus que tout le monde y apperçoit dailleurs, amour explique mal fes fentimens. Comment aurois-je pu vous dépeindre cette taille fine & avantageufe, cette contenance noble, cette démarche gracieufe dont tout le monde eft également furpris & enchanté? Comment ma faible plume, pourroit elle vous faire un tableau fidele, des charmes de fon efprit, des agréments de fa converfation, de fa douceur naturelle, de ces attraits enfin qui doivent foumetre tous les cœurs? Hélas, que ne penetrez-vous dans le mien! Ah que vous y verriez l'image de cette nymphe charmante bien empreinte. Vous y verriez l'amour tendre & refpectueux que j'ay pour elle & pour ceux qui

avec leur noble fang, luy ont tranfmis
leurs rares qualités.

Mais mes fentimens parroitront mieux
dans mes actions que dans mes paroles
dans celles-cy vous découvrirez peu d'efprit & de talens, pour m'exprimer. Mais
je puis me flatter que dans celle-la vous
reconnoitrés un bon cœur & capable de
fentir.

Attribuée à MONCRIF.

François-Auguftin Paradis de Moncrif, fecrétaire des commandements du comte de Clermont, lecteur de la reine,
l'un des Quarante de l'Académie françaife & membre de
celles de Nancy & de Berlin. Né à Paris en 1687, y mourut
le 12 novembre 1770 ; un efprit fin, une figure prévenante,
une humeur égale & douce ; l'avantage de lire d'une manière
intéreffante, de chanter des couplets, de compofer des ma-
drigaux, lui firent de bonne heure un grand nombre d'amis.
Nous avons de lui, dit Grimm, plufieurs chanfons &
romances dans le vieux langage naïf & tendre, d'un goût fi
délicat, fi exquis, qu'on peut les regarder comme autant
de chefs-d'œuvre.
Mais à fon tour *Sabatier de Caftre* ajoute : le ftyle ma-
niéré & trop fouvent inintelligible de fa profe, n'étant nullement propre à flatter la poftérité, contre-balance fa
réputation auprès des juges éclairés.
En 1727, on publia de cet auteur, l'hiftoire des *chats*
(bagatelle jugée trop févèrement dans le temps). Cet ouvrage fut l'occafion d'une plaifanterie que lui fit le comte
d'Argenfon. Après la retraite de Voltaire en Pruffe, il fol-
licita ce miniftre pour obtenir la place d'hiftoriographe. —
*Hiftoriographe ! dit le comte d'Argenfon, vous voulez
fans doute dire hiftoriogriphe.*

JE vous avertis, Monſieur, que vous
obligerez ſenſiblement ſon alteſſe ſéréniſſime Madame la ducheſſe du Maine,
en luy promettant votre voix pour que
M. l'abbé Le Blanc ſoit reçu à l'Accadémie, elle le juge digne d'y être admis
par toutes ſortes de raiſons & a déja
beaucoup de voix pour luy, jeſpere que
vous ne luy refuſerez pas la votre que
je n'aurois oſé vous demander, ſentant
mon peu de capacité pour juger de celle
qu'on doit avoir pour obtenir une place
à l'Accademie : mais ce n'eſt pas en mon
nom, c'eſt en celuy de Madame la ducheſſe du Maine que je vous mande que
vous luy feriez un très-grand plaiſir, que
vous ſcavez qu'elle ſ'eſt toujours inter-
reſſée pour vous & beaucoup d'autres
choſes obligeantes qu'elle m'a ordonnéê
de vous dire. Que votre réponſe le ſoit je
vous en prie Monſieur, & de me croire
bien parfaitement votre tres humble &
tres obeiſſante ſervante.

Colbert de Chabanois.

A Sceaux, le 24 may 1746.

Madame,

J'Ai reçu la lettre que vous m'avez fait lhonneur de m'écrire. J'ai toujours été pénétré du plus profond reſpect pour ſon alteſſe ſéréniſſime Madame la ducheſſe du Maine. Ma premiere ambition fut de me mettre à portée de lui faire ma cour, & le déſir de la célébrer m'a quelque fois tenu lieu de génie. C'eſt moi qui ai traduit en vers françois *Salpètria*, poëme latin du célèbre Santeuil, j'ai fait depuis beaucoup de différentes pièces que l'éditeur des divertiſſements de Sceaux n'a pas jugé indignes de trouver place dans ſon receuil, ſ'il falloit encore par quelques traits de poëſie ſignaler mon zele pour ſon alteſſe ſéréniſſime, quoique je touche à la fin de mon quinzième luſtre, je crois que les Muſes ne refuſeroient pas de m'inſpirer pour une cour où elles ont toujours été ſi chéries & ſi honorées ; mais lorſqu'il ſ'agit de nommer un académicien, puis-je, Madame avant le jour de l'élection, comme vous me le demandez, puis-je promettre ma voix & engager ma parole ? Vous allez en juger, je joins à ma lettre un

réglement fait dans l'Accadémie le 2 janvier 1721 & que j'ai figné des premiers,
vous verrez Madame, à quoi m'oblige ce
réglement, fi j'ofois violer le ferment
que j'ai prété fur mon honneur, mériterois je d'avoir la moindre part à l'eftime
d'une princeffe qui joint à tous les
charmes de l'efprit & du favoir, les plus
nobles fentiments d'une âme vertueufe.
Voila Madame ce que je vous prie de lui
reprefenter, j'ai une véritable douleur de
ne pouvoir dans cette unique recontre
lui donner une marque de ma parfaite
foumiffion.

Je fuis avec l'attachement le plus refpectueux, Madame,

Votre &c.

A Paris, le 27 may 1746.

(Anne-Louife-Bénédictine de Bourbon), petite-fille du
grand Condé, naquit en 1676, époufa, en 1692, Louis-
Augufte de Bourbon, duc du Maine, fils de Louis XIV & de
Madame de Montefpan. Bénédictine fut de bonne heure
gagner le cœur de fon royal époux, le gouverner fans lui
déplaire, & le faire entrer dans toutes fes dépenfes, qui
quelques fois, furent exceffives; elle employa fon efprit &
fon crédit à procurer au duc du Maine & à fes enfants un
rang égal au fien. En 1714, Louis XIV, par un édit, donnait
au duc du Maine & à fa poftérité droit de fucceffion à la
couronne (cet édit fut en partie l'ouvrage de Madame du
Maine, qui eut la douleur de voir fon édifice renverfé du
temps de la minorité de Louis XV). Tandis que le duc d'Orléans mettait tout en œuvre pour fe ménager la régence,
malgré les difpofitions du teftament de Louis XIV, le duc

du Maine, plus occupé de littérature que de politique, l'amusait à traduire l'*Anti-Lucrèce*, & la duchesse lui disait : *Vous trouverez un beau matin, en vous éveillant, que vous êtes de l'Académie française, & M. d'Orléans à la régence.* Ce fut ce qui arriva. Le duc du Maine fut seulement confirmé dans les honneurs de prince du sang. Madame la duchesse du Maine, outrée contre le régent de ce qu'elle appelait l'humiliation de sa famille, entra dans la conjuration du prince de *Cellamare.* Elle fut arrêtée en 1718, & conduite au château de Dijon, & son époux à celui de Dourlens ; & ils ne furent mis en liberté qu'en 1720. Le duc du Maine mourut le 14 mai 1736. Après sa mort, la duchesse du Maine se livra entièrement à son goût pour les sciences & les arts. Elle les recueillit à Sceaux, dont elle avait fait un séjour agréable & les protégea jusqu'à sa mort, arrivée en 1753.

« Madame du Maine n'est pas une beauté, mais elle a beaucoup d'esprit & de connaissances, ce qui attire chez elle les beaux esprits & les savants. » (Fragments des lettres originales adressées par Mme Charlotte-Élisabeth de Bavière, &c., 14 octobre 1718.)

« Elle accueille & console tous les mécontents, & toutes les places & charges que M. le duc du Maine peut donner, font affluer le monde chez lui.

» Madame du Maine n'est pas plus grande qu'un enfant de dix ans, & elle n'est pas bien faite, mais elle est d'une très-jolie figure. Elle est blonde & a de beaux yeux ; elle a la bouche grande & elle met beaucoup de rouge. Ses grâces, tout ce que l'ensemble de sa personne offre d'agréments, la font préférer à une beauté régulière (11 octobre 1718).

» Elle a toutes les imperfections de légèreté & d'inégalité des femmes, sans avoir aucune des qualités qui balancent dans plusieurs les défauts que l'on reproche au sexe.

» Capricieuse, vindicative, conduite par l'amour propre, sujette à toutes préventions, & ayant la manie de vouloir toujours jouer un rôle au-dessus de ce que sa situation semble lui permettre : voilà le portrait de Madame la duchesse du Maine. »

(Histoire de la minorité de Louis XV).

JE vous renvoye mon illustre & cher maitre le Coriolan nouveau, il a satisfait ma raison qui est toujours effarouchée de la tenture irreguliere des pieces d'aujourd'huy. Le plan de M. Richer est sage, exact, ses caractères soutenus & contrastent, les deux rivaux le *Volsque* & le *Romain* jouent à merveille ils aiment differemment voilà des nuances telles que les menageoyent Corneille, Racine & vous quand vous avez travaillé dans ce genre. La fille de Coriolan n'est rebelle à son pere qu'à titre de Romaine, son amour est fondu dans celuy de la patrie. Coriolan me touche par son repentir — differe adroitement jusqu'au 5ᵉ acte, & par sa mort, ou Appius fait un aussy beau rolle que son rival agit lachement. L'auteur dit partout ce qu'il faut dire, & il dit les choses à leur place. J'aurois souhaité une versification quelquefois plus lumineuse, mais je ne prefere pas le coloris au dessein. *Archio sin pittore* je ne say si vous avez vu representer Coriolan l'ainé, mais ce cadet cy a le droit d'ainesse.

Le premier est conduit à la Voltaire, avec quelques scènes heureuses & des vers assez brillans, mais point d'amour, un acte seul auroit fait la pièce. Au lieu de donner à Coriolan une fille qui fait icy un des plus beaux ressort de l'intrigue, on amena sur la scène la femme & la

mère de Coriolan dont le duo nopere que
leffet d'un feul perfonnage, la pièce eft
finie au 4ᵉ acte, le héros eft affaffiné au
5ᵉ dans un bois on ne fcait par qui &
pourquoy. MM. les comédiens, plus
fenfible à la folicitation qu'au mérite *(il
eft bien des compagnies dans ce cas)* ont
dédaignés la modeftie du pauvre M. Richer, mais le public auquel il apelle luy
fait gagner fa caufe. Si je favais où loge
M. Richer je luy ferois mon fincere
compliment. Les protégés ne m'impofent
point, à peine les protecteurs m'effleu-
rent ils. Je fuis lhomme de mon fiècle
le plus ifolé. Auffy jay droit à la vérité
& jufe de mon droit. Je vous fouhaite
un promt retabliffement & une entiere
docilité aux avis de Madame Danchet
qui eft un bon médecin. Hypocrate
dit dans la préface de fes aphorifmes
que le médecin doit dabord aimer fon
malade. Je ne puis qu'aplaudir du fond
du cœur à la tendreffe d'une fi digne
époufe. Recompenfez là de fes foins en
réglant votre fanté par fes confeils.

Je fuis de toute mon ame Monfieur
votre tres humble & tres obeiffant ferviteur.

Roy.

Pierre-Charles Roy, chevalier de l'ordre de St-Michel,

de l'Académie des inícriptions, né à Paris en 1683, mort en 1763 ; poète qui a eu du fuccès à l'Opéra. Sa verfification eſt communément froide, profaïque, dure. Un caractère fec, bilieux & malin, tel qu'il ſ'annonce dans ſes épigrammes, devait le plus fouvent manquer de douceur, de grâces & d'aménité. Ses fatyres offrent plus d'aigreur que de gaîté, plus d'acharnement que de badinage, & tombent plus fur les perfonnes que fur les vices.

Il était naturel, après cela, que M. Roy ſ'attirât beaucoup d'ennemis.

Le poète Moncrif ſ'étant brouillé avec le comte de Clermont, Roy fit à ce fujet l'épigramme fuivante :

> *Opprobre du corps littéraire,*
> *Mauſſade auteur de l'art de plaire,*
> *Tu n'en n'es pas à l'alphabet :*
> *Clermont te là bien fait connaitre*
> *Le premier point dans un valet,*
> *C'eſt de favoir plaire à fon maître.*

Moncrif ne trouva pas la plaifanterie bonne : un jour qu'il rencontra le poète Roy dans la rue, il fe mit à lui donner des coups de canne, & Roy fe mit à courir pour les éviter. Apparemment qu'il ne courait pas bien, ou que Moncrif avait bien envie de l'attraper ; mais la canne manquait rarement fon coup, & Roy, qui fe fouvenait que Moncrif avait fait une hiſtoire des chats toujours courants & toujours battus, lui criait de temps en temps : *patte de velours, Minet, patte de velours ;* d'après quoi Moncrif probablement courait & frappait plus fort.

VOICY Monſieur une copie de mes réflexions ſur le panégirique de St-Louis par M^rs les abbés Segui & Ragon. Il faut que vous ayez ſur moy autant de pouvoir que vous en avez pour m'avoir déterminé à les communiquer à Monſieur de Pontchartrain, je ne rougis.

point de me montrer à vous tel que je
fuis ; je fay par expérience que vous avez
affes de bonté pour excufer *le mie debo-
lezze*, & ce que j'eftime encore plus,
affés de générofité pour me les faire
fentir. Mais tout le monde ne peut pas
comme vous, me montrer ce qui me
manque, & en même temps y fuppléer.
Toutes réflections faites, je crains que
mes portraits ne foient un peu trop char-
gés, quoique je les croye vrais dans le
fond. Je vous les envoye cependant tels
qu'ils font, parce que je fuis bien fur que
vous en feres un ufage prudent. Si cetoit
cependant faire ma cour à Monfieur l'abbé
Bignon que de luy faire part d'une pareille bagatelle, je vous en ferois infiniment obligé.

J'ay lhonneur dêtre avec toute la reconnaiffance & l'attachement poffible,
Monfieur votre tres humble & tres obeiffant ferviteur.

L'abbé RESNEL.

Du cloître de St-Jaques de l'hôpital de Paris, ce 2 octobre.

REFLEXIONS, SUR LE PANEGIRIQUE DE ST-LOUIS,
PAR MM. SEGUI ET RAGON.

*Je ne crois pas que le jugement du public
puiffe être partagé dans cette occafion. Le def-*

fein de l'abbé Segui a quelque chofe de noble &
de grand, qui caractérife parfaitement Saint-
Louis. Le deffein de l'abbé Ragon n'a rien que
de commun, & qui ne puiffe convenir à plufieurs
autres fujets. Le ftile du premier quoique extrê-
mement travaillé femble couler de fource, &
partir d'un génie fécond, plus occupé du foin
d'écarter la multitude des idées qui f'offrent à
luy, que de l'embarras d'en rechercher de nouvelles. Le fecond n'a ny feu, ny rapidité; fon
difcours eft l'ouvrage de fa lenteur, & de la
réflexion, on f'aperçois que la matière luy
manque à tous momens, & qu'il fe tourmente
pour coudre enfemble des penfées qu'il n'en-
fante qu'avec efforts. Si l'un n'a pas de ces
traits grands, hardis, majeftueux qui étonnent
& qui entrainent dans Mrs Boffuet, de Fénélon,
Maffillon & le P. Bourdaloue, on y retrouve
partout l'élégance, la délicateffe, & comme
cette fleur d'efprit qui plaifent & qui charment
dans Mrs Fléchier, Sardan & le P. de la Roche.
Dans l'autre au contraire je ne voy que du bon
fens; mais de ce bon fens qui fait peu d'impreffion
fur l'efprit & qui n'en fait aucune fur le cœur;
parce qu'il n'eft ny foutenu, ny embelli par une
imagination forte & brillante. L'un n'a pas affez
de vigueur pour me mener comme malgré moy
à fon but; mais il fcait du moins m'y conduire
par l'attrait du plaifir : l'autre bien loin de me
convaincre ou de me perfuader, ne peut pas
feulement gagner fur moy de fe faire écouter
fans impatience. L'abbé Segui fait peut être
un ufage trop fréquent de certaines tranfitions
excellentes à la vérité, mais qui par cette raifon la même, ont été fi rebattues, qu'elles ne
font prefque plus d'effet fur l'efprit; mais en
même temps j'avoue qu'il les place fi à propos,

qu'il semble qu'elle soient à luy, & que son sujet les demande absolument. Toutes les transitions & les figures de l'abbé Ragon sentent le collége; on conçoit bien en général qu'il en a besoin pour lier & pour animer son discours; mais en particulier on ne peu pas dire qu'elles y soient nécessaires, & il est aisé de voir qu'il s'en sert bien moins parce qu'il est éloquent, que parce qu'il sait qu'en pareille occasion il convient de l'être. L'un répand toutes les beautés de l'éloquence avec tant de profusion, qu'elles paroissent faire le corps de son panégirique; c'est comme une riche étoffe dont l'or & l'argent feroient le tissu; au lieu que dans l'autre les peintures & les descriptions y sont si rares & si différentes du reste de la pièce, que je les comparerois volontiers à des lambeaux d'or & d'argent appliqués au hazard sur une étoffe tout unie. Enfin si dans le premier il m'arrive souvent de suspendre l'attention que je devrois donner aux actions de son héros, pour admirer l'art & la finesse de l'orateur : dans le second je ne suis occupé ni du héros, ni de son panégiriste, je m'imagine bien moins entendre l'éloge de St-Louis, que des maximes à la louange des vertus qui conviennent à un bon roy ; & tout ce que je puis faire pour l'abbé Ragon, c'est de luy accorder le titre d'écrivain judicieux & sensé, mais nullement celuy d'habile orateur.

JE ne ſcay Monſieur à quoy attribuer le long ſilence que vous gardes avec moy; je ſouhaite que quelque agréable amuſement en ſoit cauſe, mais au milieu de ſes plaiſirs encore ne faut il pas troubler ceux de ſes amis, en les jettant dans l'inquiétude.

J'ai eu l'honneur de vous écrire il y a environ trois ſemaines, je vous demandois des nouvelles de votre ſanté & de celle de Madame Danchet, je prenois même la liberté d'embraſſer Mademoiſelle Nanon. En a telle été offenſée, & vous auroit elle prié de ne me point récrire. Si cela eſt, je vous prie de vouloir bien faire ma paix, & de m'en envoyer le traité. Je ſuis honteux d'entendre ſouvent parler de vous à Madame & à Monſieur Trudaine, ſans pouvoir leur dire que vous penſez encore à moy. Nous n'avons icy que Madame de Méliand la jeune, mais en ſa compagnie on n'en ſouhaite guere d'autre. Si on pouvoit déſirer l'impoſſible c'eſt-à dire de vous voir icy, ce ſeroit autre choſe, mais la ſaiſon eſt trop avancée pour ſ'en flatter. Nous ſerons tous à Paris, le 25, & je ſeray le lendemain dans votre apartement, j'efpere cependant avant ce temps la recevoir de vos nouvelles.

Je fuis avec un dévouement fans referve Monfieur, votre tres humble & tres obeiffant ferviteur.

Du Resnel.

Au château de Montigny (par Nangis), ce 14 novembre.

A Monfieur,

Monfieur Danchet *de l'Académie françoife, à la Bibliotheque du roy.*

A Paris.

Jean-François du Refnel du Bellay, né à Rouen en 1692, élevé au collége des Jéfuites de cette ville, entra enfuite dans l'Oratoire. Il f'y livra à l'étude & fe perfectionna dans la connaiffance des langues favantes. On lui procura l'abbaye de Fontaine, une place à l'Académie françaife & à celle des belles-lettres. Mourut à Paris en 1761.

Ses traductions en vers de l'*Effai de Pope fur l'Homme*, & celui du même auteur fur la critique, font juger qu'il était capable de produire d'excellents ouvrages par luimême, f'il fe fût moins défié de fes talents.

Le lundy à Verfailles.

MA harangue eft faite Monfieur, mais elle ne fera parfaite que quand vous l'aurez limée, revue & corrigée, ainſy je vous ſupplie de voulloir bien venir demain à 11 heures chez moy, & de m'apporter de l'eſprit, nous travaillerons devant & après diner car le tems preſſe & je voudrois bien profitter des feſtes pour apprendre ma leçon.

Je ſuis Monſieur plus à vous qu'à moy.

LE PELETIER DESFORTS.

Clermont, typ. F^d Thibaud.

LETTRES

DU

DUC DE VILLEROY

A

DANCHET

SON PROTÉGÉ.

À Lyon le 3 septembre 1722.

JE suis bien perſuadé, Monſieur, de toute la part que vous me témoignez prendre à ce qui vient de m'arriver je vous en remercie, & vous ne devez pas douter que je ne profite bien volontier des occaſions qui ſe préſenteront pour vous marquer Monſieur, que je suis très par-faitement à vous.

VILLEROY.

JE vous envoye les réflexions d'un homme d'eſprit. Sur la lettre que vous m'avez écrite je vous prie d'y répondre afin d'animer ſes talents. Il recognoit le mérite que vous avez acquis dans le monde par vos ouvrages & plus encore par ce que l'on dit de la droiture de vos ſentiments, & de la bonté & fidélité de votre cœur.

VILLEROY.

22 ſeptembre 1722.

A Neufville le 27 octobre 1722.

JE reçois avec grand plaiſir les lettres que vous m'écrivez, & j'en fais un bon uſage, M. De La Tourette eſt un jeune homme né avec beaucoup de talents. Le commerce que je lie entre vous & luy, l'animera, & vos réflexions contribueront beaucoup à augmenter ſes connoiſſances, & a ſe perfectionner dans la manière de penſer & de s'exprimer. Je vous prie de continuer à me donner de vos nouvelles, quoy qu'éloigné de la cour, je ne ſeray pas moins attentif à vos intérêts que ſi j'y étois.

Mandez moy ce qu'on peut écrire ſur la ſcituation ou ſe trouve M. l'abbé Bignon.

Je ſuis Monſieur parfaitement à vous.

VILLEROY.

A Lyon le 11 décembre 1722.

TOut ce qui me vient de vous me fait toujours plaiſir Monſieur je ſeray fort aiſe de recevoir les diſcours imprimés de l'Académie. On me les a promis de bien des endroits, je ne vous fuis pas moins obligé de voftre attention.

Comme l'on fcait que j'aime fort la comédie il m'eft revenu de bien des endroits les nouvelles acclamations que Baron f'eft attiré, je crois le voir & l'entendre, & j'ay toufjours efté fon admirateur. Sa fixion eft ingénieufe j'en conviens, mais je voudrois bien pour l'honneur du fiècle qu'il ne fut pas réduit à fe plaindre de la fortune. Je vous prie de croire que je n'ay pas oublié l'état où je vous ay laiffé.

Je fuis, Monfieur entierement à vous.

VILLEROY.

A Lyon ce 6 janvier 1723.

JE reçois toujours avec plaifir Monfieur les lettres que vous m'écrivez, & je vous fcay le meilleur gré du monde de chercher a me procurer des amufemens, ce qui me vient de vous m'eft toujours très agréable, connaiffant bien que c'eft le cœur qui vous fait agir. Je fuis ravy qu'on vous aye rendu juftice, il ne tiendra jamais à moy que vous ne foyez traitté comme vous le méritez.

Je fuis Monfieur entierement a vous.

VILLEROY.

A Lyon ce 30ᵉ janvier 1723.

JE vous suis tres obligé Monsieur, de l'attention que vous avez de m'envoyer toutes les nouveautés, si les nouveaux ouvrages qui paroissent mérittent peu d'attention, le détail court & précis que vous en faittes instruit agréablement des choses mesmes qui ne le sont pas. Je feray chanter incessamment la cantate que vous venez de m'envoyer, les provinces suivent le goust de Paris. Je vous feray sçavoir si nous nous y sommes conformés de bonne foy. Mes complimens à M. de St-Aulaire, & à Madame de Lambert.

Je suis Monsieur, entierement à vous.

VILLEROY.

A Lyon le 22 février 1723.

L'ENVIE que jay de vous faire plaisir m'engage de vous envoyer naturellement la lettre que je viens de recevoir, vous y verrez la manière dont on parle de vostre pièce, vous devez estre bien content de l'applaudissement qu'elle a reçüe.

Je fuis bien faché que M. De La Mothe [*]
voftre confrere interrompe le gout du public en voftre faveur, peut eftre n'aura
t-il pas fujet de s'en louer.

Allez remercier M. le comte de Verdun
de l'applaudiffement qu'il vous a donné,
ce que je vous envoie eft l'article de fa
lettre.

Je fuis Monfieur entierement à vous.

VILLEROY.

---

*Extrait de la lettre de M. le comte de Verdun
du 16 janvier 1723.*

J'ay vu la tragédie de *Nététis* & elle
m'a fait un grand plaifir, j'ay remarqué
la mefme fatiffaction dans toute l'affem-

[*] Antoine-Houdard De La Mothe, littérateur distingué,
membre de l'Académie française, né à Paris en 1672, était
le fils d'un marchand chapelier ; il étudia d'abord le droit,
et quitta ensuite le barreau pour la poésie. Vers l'âge de 35
à 40 ans, il devint presque aveugle. Un jeune homme, à qui
par mégarde il marcha un jour sur le pied dans une foule,
lui ayant donné un soufflet : *Monsieur*, lui dit-il, *vous allez
être bien fâché! je suis aveugle.*
Il mourut à Paris le 26 décembre 1731, à l'âge de 59 ans,
après avoir livré à son curé une pièce de théâtre commencée.
Ce ne fut pas cependant sans quelque regret, car il dit à son
neveu : Admirez la différence des paroisses, le curé de St-
André veut brûler ma pièce, et le curé de St-Sulpice me
l'aurait demandée pour la faire jouer au profit de sa petite
communauté.

blée qui etoit auſſy nombreuse que le lieu
le peut comporter.

La piece eſt un peu compliquée & char-
gée d'évênements qui n'ont pas tous un
air de vrayſemblance mais la verſification
paroiſt belle. Les ſentiments les plus nobles, & les maximes les plus vertueuſes
ſe trouvent preſque partout, il y a mesme
des choſes neuves; ce qui entraîne l'a-
plaudiſſement. Je ne doute pas qu'elle
n'aille au moins juſqu'à la fin du theâtre.

A Lyon, le 17 avril 1723.

J'Ay reçeu Monſieur voſtre lettre du 9.
Je vois avec plaiſir que vous avez reçeu la récompenſe de l'action de prudence
que vous avez faite de vous éloigner
de Paris pendant quelques jours; il me
paroit par les nouvelles que des particuliers ont receu que la tragédie de M. De
La Mothe n'a pas répondu aux affiches.
On a beau vouloir prévenir le public, il
ſe croit indépendant en ſe rappelant les
deux vers de Deſpréaux :

Lorſque l'impreſſion fait éclore un poëte
Il eſt l'eſclave né de quiconque l'achepte.

Le cerveau ne peut pas ſe faire lire,

l'action peut ranimer en certains endroits.
Vous me ferez plaisir de continuer à me
donner de vos nouvelles.

Je suis Monsieur entierement à vous.

VILLEROY.

A Neufville, le 29 juin 1723.

JE reçois avec plus de plaisir les marques que vous me donnez Monsieur de
vostre attention & de votre affection que
les ouvrages que vous m'envoyez dont
vous me faites connoistre en peu de mots,
le juste jugement qu'on en doit faire. As-
surez Baron je vous prie que je luy sçay
le meilleur gré du monde de tout ce qu'il
vous a dit pour moy, que je suis le plus
ancien de ses admirateurs.

La justice que vous rendez à M. de
Morville*, me touche infiniment; personne
n'est si prévenu que moi en sa faveur.

---

* Morville (Charles-Jean-Baptiste Fleuriau, comte de),
ministre sous Louis XV, était fils du garde des sceaux Fleuriau d'Armenonville; il naquit à Paris le 30 octobre 1686,
et fut nommé en 1708 avocat du roi au Châtelet, puis suc-
cessivement conseiller au Parlement de Paris et procureur
général au grand Conseil en 1718; il fut nommé à l'ambas-
sade de Hollande en remplacement de Châteauneuf, et ce
fut lui qui détermina les Etats généraux à signer la qua-

Continuez je vous prie à me donner de vos nouvelles quelque fois.

Je fuis Monfieur entierement à vous.

VILLEROY.

A Neufville le 29 juillet 1723.

JE vous remercie Monfieur de l'atten-tion que vous avez eu de m'envoyer le nouveau ballet que l'on joue préfente-ment fur le théâtre de l'Opéra. Je me fouviens d'avoir entendu de la mufique de Colin * qui me parut affez gracieufe, il paroift que Mademoifelle Prevoft conti-nue de faire l'admiration des fpectateurs, quand il y aura quelque chofe de nou-

druple alliance le 8 mars de la même année; il assista trois mois après, comme plénipotentiaire, au congrès de Cambrai, et remplaça son père, en 1722, dans le département de la marine. Il succéda, l'année suivante, au cardinal Dubois comme ministre des affaires étrangères, et conserva ce portefeuille jusqu'au 19 août 1727. Il mourut dans la retraite le 2 février 1732. Ce fut sous son ministère qu'eut lieu l'alliance de Hanôvre, conclue et signée en 1725. En 1723, il avait été élu membre de l'Académie française.

* François Colin de Blamont, chevalier de l'ordre de St-Michel, surintendant de la musique du roi, et maître de celle de sa chambre, mérita ces distinctions par ses talents. Sa composition est élégante et facile. Il naquit à Versailles le 22 novembre 1690, et y mourut le 14 février 1760.

veau, vous me ferez plaifir de me l'envoyer, je fuis Monfieur tout à vous.

VILLEROY.

A Neufville le 30ᵉ aouft 1723.

JE vous remercie Monfieur de l'attention que vous avez eu de m'envoyer
la tragédie d'Inez, & d'avance de la part
que je fuis perfuadé que vous prendrez à
la joye que je reffens de l'heureux accou-
chement de Madame de Valincourt.
Je fuis Monfieur entierement à vous.

VILLEROY.

A Neufville le 5ᵉ octobre 1723.

JE ne puis vous remercier affez de votre attention à m'envoyer toutes les
nouveautés & furtout de la peine que
vous vous donnez de m'en faire fentir
le bon & le mauvois, je règle mon gout
fur le vôtre, & les gens d'efprit que nous
avons en ce pays-cy, fuivent le même
fentiment. Je vous prie de continuer &

d'eſtre bien perſuadé de tous les ſentimens que je vous ay témoignés. Je ſerois
fort curieux de lire le diſcours de M. de
Saint-Haynault quand il ſera reçu à la
compagnie. L'on me mande les nouveaux
réglements que vous avez fait à votre
Accademie, de déffendre de recomman-
der en pleine aſſemblée aucun ſujet ſoit en
leur nom ſoit au nom d'aucune autre perſonne. L'on prétend que vous avez pris
cette ſage réſolution à l'occaſion de ce
que dit l'abbé D'Houteville * de M. le
card. Dubois.

Il eſt bien honorable à M. l'abbé de
remplacer ſon premier préſident.

> Mais aux ames bien nées
> La valeur n'attend pas le nombre des années.

Il faut avouer que les choix que vous
faites ſont toujours accompagnés de juſ-
tice, au moins je le croy, je ne ſay pas ſi
le public penſe de même.

Je ſuis Monſieur entierement à vous.

VILLEROY.

---

* Claude-François D'Houteville, abbé de St-Vincent-du-
Bourg-sur-Mer, diocèse de Bordeaux, né à Paris en 1688,
demeura environ 18 ans dans la congrégation de l'Oratoire,
et fut ensuite secrétaire du cardinal Dubois. L'Académie
française lui donna la place de son secrétaire perpétuel en
1742 ; mais il n'en jouit pas longtemps, étant mort le 8 novembre de la même année.

A Neufville le 17ᵉ octobre 1723.

ON ne peut vous eftre plus obligé que je le fuis Monfieur de voftre attention de m'envoyer toutes les piéces imprimées qui méritent quelque curiofité, & furtout de m'éclairer pour les entendre en me faifant part de vos réflexions fur l'ouvrage, avec la douceur & la fimplicité qui vous eft naturelle, fans marquer une décifion précife, vous voulez me laiffer le plaifir d'approuver ou de condamner, je vous déclare Monfieur que je fuys vos fentiments, autant que je les puis pénétrer, je vous prie de me nommer les autheurs de ces livres anonymes, (je crois que c'eft le même) c'eft a dire quelle eft l'opinion publique; quelque réputation bien acquife que puiffe avoir M. De La Mothe, je crains qu'il n'aye eu la faibleffe de lire avec quelque peine les paradoxes, & antiparadoxes litteraires que vous m'avez envoyez, mefme le fentiment d'un fpectateur françois fur la nouvelle tragédie d'Inez, ces écrivains font fentir la penfée que Defpreaux a avancée :

> Lorfque l'impreffion fait éclore un poëte
> Il eft efclave né de quiconque l'achepte.

Permettez moy de vous le dire, les

gens de lettre font auffy corrompus que les autres hommes, & plus méprifables parcequ'ils favent difcourir fur les fentiments qu'une vertu bien véritable doit infpirer, cependant ils fe laiffent aller à ce qu'il y a de plus vil & de plus bas quand le cœur ne conduit pas l'efprit, on peut quelquefois bien parler, mais on manque fouvent aux obligations les plus effentielles de l'honneur, & de la probité. C'eft le cœur qui donne le fentiment, tenez bon, Monfieur, malgré les mauvais exemples, fans fortune vous jouirez d'un bonheur qui vous attirera l'eftime général du public & plus encore d'une fatiffaction intérieure; bien plus flatteur & plus véritable que celuy de pofféder des richeffes.

Je fuis Monfieur entierement à vous.

VILLEROY.

A Lyon le 23e novembre 1723.

JE vous fais mes remercîmens de la continuation de voftre attention, il eft vray que j'ay lû les paradoxes, & antiparadoxes littéraires qui m'ont amufé, les autheurs les plus distingués, ont toujours été critiquez, cela ne fert qu'à mieux faire connoiftre leur mérite; l'approbation que le public a déjà donné à voftre tragédie vous doit faire croire qu'elle augmentera encore. Les endroits que vous avez retouchez n'adjouteront rien aux beaux endroits de voftre piece, mais ils contribueront à la rendre plus égale. L'épitre que vous mettez à la tefte de voftre ouvrage contribüera à prévenir le lecteur en voftre faveur, elle me parait parfaitement belle, la juftice que vous avez rendue au feu roy, je dis juftice, car vous avez ofé rappeler les chofes qu'il s'eft reproché à luy mefme, les fautes que commettent les grands hommes quand ils ont la force, & la docilité de les avoüer, excitent une nouvelle admiration pour leurs grandes & héroïques qualités & y donnent pour ainfy dire un nouveau luftre, fi j'avois efté à porté de vous faire le plaifir que vous défirez, j'aurois regardé comme une chofe utile au roy, de vous procurer l'honneur de luy lire voftre epitre. Pour vous marquer Monfieur que rien ne m'a échapé dans l'ouvrage que vous m'avez envoyé, ne vous faites vous pas un reproche d'avoir laiffé entrevoir l'honneur que vous avez voulu me faire, je fouhaite pour l'amour de vous qu'on ne s'en apperçoive pas, mais vous n'avez pas femé en terre ingratte par raport au gré que je vous en ſcay, je ſuis bien fâché que mes forces ne ſecondent pas ma bonne volonté, je ne me renfermerais pas à vous faire de ſimples remerciements.

Je ſuis Monſieur parfaitement à vous.

VILLEROY.

A Lyon le 17 février 1724.

LA maniere dont vous penſez ſur ce qui me regarde vous fait ſentir avec vivacité ſur toutes les choſes qui m'intéreſſent. Il eſt douloureux de ne pas obtenir de ſon maître les mêmes graces qu'il accorde à ceux qui ont l'honneur de le ſervir & qui ſont égaux en naiſſance & en ancienneté de ſervice. Il faut prendre patience, & il n'eſt pas impoſſible de la conſerver quand on trouve des reſſources continuelles dans les témoignages de ſa conſcience.

J'ay appris avec plaiſir que *Nitetis* s'eſt bien ſoutenüe; j'en ay eu beaucoup à la lire, & ſans complaiſance je dois vous dire qu'il s'en ſaut bien ſuivant mon peu de connaiſſance qu'*Inès* faſſe le meſme plaiſir en la liſant.

Dites-moi fi c'eft le hafard, ou de deffein préméditté qu'on a manqué un vers dans le rôlle de Pharcès acte premier, fcène feconde. Je ferois bien tenté de croire que vous penfez fouvent à moy, vous me ferez grand plaifir de me mettre au fait de la Mariane de M. De Voltaire.

Je fuis Monfieur entierement à vous.

VILLEROY.

A Lyon 28e février 1724.

J E regrette fort M. Bignon, je fuis ferviteur de tous fes frères, j'ay déjà écrit au confeiller d'Etat. Je vois bien que je ne me fuis point trompé, dans une petite remarque que j'ay faite en lifant votre derniere comédie.

Le public n'eft point prévenu en faveur de M. Voltaire, l'efprit ne corrige point les vices du cœur, fi vous pouvez me trouver le poeme de Voltaire, vous me ferès plaifir de me l'envoyer, je vous remercie de tout mon cœur de la continuation de votre attention.

Je fuis Monfieur, entierement a vous.

VILLEROY.

Je vous adreffe la lettre de M. l'abbé Bignon que je vous prie de luy faire tenir.

A Lyon le 9e mars 1724.

J'Ay reçu en mefme temps deux livres du poeme de *Voltaire*, je me faifois grand plaifir de le lire, l'abbé *Dubois*, qui me l'a envoyé comme vous y adjoute la lettre d'un inconnu qui fait l'apologie de M. De La *Motte* à contre poil. L'on s'avife d'y mal parler de M. de *Fontenelle* apparemment ces M^{rs} ne daigneront pas répondre à ce qu'on dit contre eux. Vous me ferez grand plaifir de me faire part du jugement que vous ferez de la nouvelle tragédie de M. De Voltaire.

Je vous ay adreffé une lettre pour M. l'abbé Bignon.

Je fuis Monfieur entierement à vous.

VILLEROY.

A Paris ce 1er aouft 1726.

SI vous n'êtes point engagé, je vous demande avec tout l'empreffement dont je fuis capable de donner voftre voix à M. Boindin pour la place vacante de l'Académie. Un de mes amis intimes exige de moy cette recommandation auprès de vous, & je vous la fais. Je vous le repette, défirant fort que vous me l'accordiez.

Je fuis Monfieur entierement à vous, & du meilleur de mon cœur.

VILLEROY.

F. de Neuville, duc de Villeroy (fils de Nicolas de Villeroy, gouverneur de Louis XIV, etc.). Elevé avec le jeune roi, il dut à l'amitié de ce prince son avancement rapide, et fut nommé maréchal de France après la bataille de Neerwinde, où il s'était distingué en 1693. Sa carrière militaire ne fut qu'une suite de fautes et de revers. Appelé à remplacer le maréchal de Luxembourg, il laissa prendre Namur en 1696; se fit battre à Chiari en 1702, et fut pris la même année dans Crémone.

(Lorsqu'il fut choisi pour aller commander en Italie, toute la cour s'empressa de le complimenter; le maréchal de Duras fut le seul qui lui dit : Je garde mon compliment pour votre retour).

Rendu à la liberté sans rançon, il fut battu dans les Pays-Bas à Vignamont en 1705, et à Ramillies en 1706. Louis XIV lui ôta le commandement, mais en lui accordant, comme dédommagement, le gouvernement de Lyon, et en 1715 le titre de gouverneur de Louis XV. Villeroy se fit ensuite nommer président du conseil des finances en livrant au duc d'Orléans le contenu du testament du feu roi; mais il dut se retirer, peu après, dans son gouvernement.

Il mourut à Paris le 18 juillet 1730, à 87 ans, regardé comme un général incapable et un seigneur hautain, mais comme un honnête homme, fidèle à l'amitié, généreux et bienfaisant. Ces qualités l'avaient rendu le favori du roi. Dans les orages de la cour, il parla hautement pour ses amis. Lorsque les sceaux furent ôtés au chancelier d'Aguesseau, il s'éleva contre cette injustice, et il dit à d'Armenonville, son successeur : *Je ne vous fais point de compliment, persuadé que vous êtes fâché de succéder à un homme comme d'Aguesseau.*

Clermont, typ. Fd Thibaud.

CORRESPONDANCE

DE

JEAN BOUHIER

PRÉSIDENT AU PARLEMENT DE DIJON.

LETTRES A M. DANCHET,

DE L'ACADEMIE FRANÇOISE,

RUE MONTMARTRE.

A Dijon ce 14. Janvier 1737.

JE crains bien, Monſieur, qu'il n'y ait eu de la témérité à moi, d'avoir oſé preſenter à un auſſi grand Poëte que vous quelques eſſais poëtiques, à la publication deſquels j'ai conſenti, pour faire voir que je n'étois pas tout à fait hors de commerce avec ces Muſes, qui donnent l'entrée à Noſtre Academie. Les louanges, que vous daignez leur donner, feroient plus propres qu'aucune autre à me flater, ſi je ne craignois que l'amitié n'y eût un peu de part. Je ne laiſſe pas d'eſtre très ſenſible à ce que vous avez la bonté de me dire à ce ſujet. La cauſe des Poëtes contre les Proſateurs auroit pû eſtre en de meilleurs mains. Mais tandis que vous les battez par des exemples, j'ai eſſoyé de les battre par des raiſons, & je ſuis bien aiſe que vous goutiez celles que j'ai employées. Pour ce qui eſt de mes traductions, fi je l'avois ofé, je vous aurois prié d'y jetter les yeux, avant que de les donner au public, & même encore vous me ferez plaifir de me marquer ce que vous croirez devoir y eftre retouché, affin que je puiffe mettre ces pièces en meilleur etat, fi jamais on les rimprime. M. l'Abbé Gedoyn *, Noftre illuftre confrere, a entre les mains une traduction pareille, que j'ai faite du 4ᵉ livre de l'Enéide. Je le prierai de vous la communiquer, affin qu'à vos heures de loifir vous ayez la bonté de l'examiner, & de me dire ce qui vous paroitra digne de cenfure. Rien ne me fait plus de plaifir, qu'une critique amie, & judicieufe. Je fuis même perfuadé,

---

* Noble homme, Nicolas Gedoyn, naquit à Orléans en 1667. D'abord jésuite, puis abbé de N.-D. de Beaugency, fut reçu à l'Académie des Belles-Lettres en 1711, et à l'Académie française en 1719; mourut au château de Font-Pertuis, près de son abbaye, en 1744; était doué de l'humeur la plus complaisante et la plus douce; il avait une telle passion pour les bons auteurs de l'antiquité, qu'il aurait voulu qu'on eût pardonné à leur religion, en faveur des beautés de leurs ouvrages et de leur mythologie, qu'il ne considérait que par le beau côté.

Il pensait que l'esprit de toutes les nations était rétréci, et que la grande poésie et la grande éloquence avaient disparu du monde avec les fables des Grecs.

On a de lui : 1°. une traduction de Quintilien. Ce fut cette traduction qui lui ouvrit les portes de l'Académie française;

2°. Une traduction de Pausanias;

3°. Œuvres diverses, publiées par l'abbé d'Olivet, qui a ajouté un très-beau mémoire sur la vie de Gédoyn, composée par Bachaumont.

qu'on ne fçauroit rien faire d'excellent fans ce fecours. Vous le voyez par tant de Piéces manquées, qui defhonorent de grands génies, faute d'avoir ecouté, ou même daigné confulter des amis fages & eclairez. C'eft une chofe, dont nous avons grande difette dans nos Provinces, & qui me fait regretter de n'eftre point à portée de profiter de vos lumiéres, & de celles de nos autres confreres. Mais ma fanté, qui eft fouvent dérangée, me fait craindre de m'eloigner de chez moi, & m'oblige à me contenter des amufements, que me fourniffent mes livres, & furtout noftre cher Horace, fur lequel j'ai fait une infinité d'obfervations pareilles à celle, dont vous avez daigné vous fouvenir. Vous en avez dû trouver une dans mes Remarques, fur l'ouvrage que je vous ai envoyé, que d'habiles connoiffeurs n'ont pas trouvé indifférente. Je fouhaite qu'elle vous plaise autant que l'autre, & vous prie de me conferver une amitié, dont je connois tout le prix. Vous ne fçauriez l'accorder à perfonne, qui vous honore plus parfaitement, Monfieur, que voftre très humble & très obeiffant ferviteur.

Le P. Bouhier.

PUisque M. l'Abbé Gédoyn, Monſieur, a égaré la copie, que je lui avais envoyée, de ma traduction du 4ᵉ Livre de l'Enéide, j'en ai fai faire une autre, que je prie M. l'Abbé d'Olivet * de vous remettre. La bonté que vous avez euë de vous intereſſer à ce que vous avez déjà vû de ma façon, me fait espérer que vous voudrez bien, quand vous n'aurez rien de mieux à faire, examiner ſérieuſement & en ami cette traduction, affin que s'il me prend envie de la rendre publique, elle ſoit en état de ſoutenir le grand jour. Il n'appartient qu'à un grand Poète comme vous, de bien juger de la poëſie. M. l'Abbé d'Olivet vous répondra de ma docilité, & du plaiſir qu'on me fait, quand on veut bien

* (Joseph Thoulier d'Olivet) naquit à Salins en 1682, reçut de son père les premières leçons d'éducation, puis entra chez les jésuites où il fit ses premiers essais comme poète, comme prédicateur et comme humaniste; puis il quitta cette Compagnie pour s'abandonner à son goût pour les belles-lettres. En 1723, l'Académie française le choisit, malgré son absence (il était au chevet de son père mourant), par la seule considération de son mérite. Il eut toujours une préférence marquée pour l'étude de la langue française, sans pour cela négliger les langues anciennes. Il s'attacha surtout à Cicéron, pour lequel il conçut une grande admiration.

L'abbé d'Olivet avait l'accès le plus familier chez le cardinal Fleury, et était recherché des hommes les plus distingués de son temps.

Il mourut en 1768, à 86 ans.

m'avertir de ce qu'on trouve à redire dans mes ouvrages. Des divers amuſe- mens, que j'avais autrefois, il ne me reſte preſque plus, que celui de la verſi- fication, qui m'a toujours plû infiniment. Pourquoi le déſavourais-je, après ce qu'à dit nôtre Pétrone : *Forenſibus miniſteriis exercitati frequenter ad carminis tran- quillitatem, tanquam ad portum faci- liorem, refugerunt.* Mais il faut pourtant tâcher de ne rien donner au Public, qui n'en ſoit digne. Vous connoiſſez d'ailleurs l'eſprit de critique, & d'envie qui regne aujourd'hui. Ainſi, Monſieur, vous serez l'homme d'Horace : *Vir bonus, & pru- dens verſus reprehendet inertes &c.* Vous pouvez remettre le tout à vôtre loisir à M.r l'Abbé d'Olivet, qui aura ſoin de me l'envoyer. Mais ſurtout dites - moi en même tems des nouvelles de voſtre ſanté, de vos occupations, & daignez quelques fois me faire part des fruits de voſtre aimable Muſe. Car je m'imagine qu'elle ne ſçauroit être oiſive. Combien n'avez- vous pas fait de jolies choſes, que vous vous contentez de dire à l'oreille de vos amis. Je crois que vous me connoiſſez aſſez pour être perſuadé, que vous ne riſqueriez rien à me les confier. Cela me conſoleroit un peu d'eſtre privé des charmes de voftre converfation, & du fruit que j'en pourrois tirer. Soyez perfuadé que cela part d'une franchife Bourguignone, & que rien n'eft plus fincère, que la parfaite confidération, avec laquelle je fuis, Monfieur, Votre très humble & très obéiffant ferviteur

Le P. Bouhier,

A Dijon ce 25. février 1737.

Je crois que vous ne defaprouverez pas ce que j'ai ajouté au vers 167, de Virgile, & les adouciffemens, que j'ai fuppléez aux vers 338, & 339, où il m'a paru que l'original était trop dur, & trop éloigné de la douceur de nos mœurs.

———

Dijon 6. Mars 1737.

JE m'en tiens donc, Monfieur, pour le v. 27. puifque vous le jugez ainfi, à cette tournure :

Mais que pluftôt du ciel les redoutables feux
Entr'ouvrent fous mes pas le féjour ténébreux &c.

Et pour le vers 59, à celle-cy :

Sêchez vos pleurs, Didon, & venez aux autels
Rendre d'un tel bienfait &c.

Sur le vers 66. j'avais bien fenti la petite

cacophonie de *Flatte, enflamme*. Mais outre que c'eſt, ce me ſemble, pouſſer la délicateſſe trop loin, il me paroiſſoit que comme en prononçant ce vers on doit faire une petite pauſe après *flatte*, cela n'étoit pas ſenſible. Cependant on peut ſubſtituer, *touche*, quoiqu'à mon avis il ſoit moins propre ici que l'autre mot. Sur vos réflexions je changerois ainſi les vers ſuivans :

> Elle y sent en secret l'Amour victorieux.
> Mais elle veut encore invoquer d'autres dieux;
> Bacchus, Cerès, Phébus, & toi, qui d'Hyménée
> Sçais à ton gré, Junon, régler la deſtinée.

Et le v. 79, en cette ſorte :

> Quand ſes charmes flatteurs, Amour, les a ſéduits?

Pour les v. 85, & 86, j'ai tenté inutilement de les changer en mieux, & je crois qu'il les faut laiſſer tels qu'ils ſont. *Qui lui perce les veines* n'eſt pas plus cheville, que le *dont il eſt déchiré* de Racine. Un cerf peut eſtre bleſſé d'une flèche, ſans que pour cela l'atteinte en ſoit mortelle. Ainſi ce qui ſert à montrer qu'elle l'eſt ajoute une image à la choſe. Aimeriez-vous mieux : *Portant partout le fer &c.*

A l'égard des vers ſuivans, je crois

que vous les trouverez mieux de cette façon :

Le Troyen, que Didon conduit de toutes parts,
Avec étonnement voit les murs, les remparts.
Des temples commencez il admire l'ouvrage, &c.

Ne vous laffez point de votre franchife, & de voftre obligeante fevérité. *Pourvu qu'on n'y procède d'une trogne trop impérieufement magiftrale, je prens plaifir à eftre repris*, difait noftre Montagne, & j'ai toujours penfé comme lui. Mais que ce foit, s'il vous plaît, fans vous fatiguer, & à voftre grand loifir.

Si Mad.^e de Maubourg vous parle encore de ma traduction, vous pouvez lui en faire lecture. Mais je vous prie de n'en point laiffer tirer de copie. Vous voyez mieux qu'un autre que la Pièce n'eft pas encore dans l'état, où elle doit eftre.

J'adreffe cette lettre à Mr Trudaine *, & je ne doute pas qu'il ne veuille bien eftre l'entremetteur de noftre petit commerce.

On ne peut eftre plus fenfible que je le

* Daniel-Charles Trudaine fut intendant de la province d'Auvergne, de 1730 à 1734, et devint ensuite intendant général des finances.

C'est ce magistrat qui créa, en 1740, la route de Languedoc, de Montpellier par le Puy; des manufactures dans les hôpitaux de Clermont et de Riom, et la fabrique de faïence du faubourg Fontgiève.

fuis à l'honneur du fouvenir de M.^r l'Abbé Bignon *, que j'honore depuis bien des années. Vous me ferez grand plaifir de m'aider à lui faire ma cour, quand vous le verrez. L'ouvrage que je lui ai envoyé, auroit peut eftre mieux valu, s'il avoit paffé auparavant fous vos yeux. Si jamais on le rimprime j'efpère bien que vous ne me refuferez pas vos bons avis, pour le perfectionner. Adieu, Monfieur, foyez bien perfuadé de ma reconnaiffance la plus parfaite.

A Dijon ce 1. d'Avril 1737.

ON ne peut eftre, Monfieur, plus fenfible que je le fuis à la complaifance que vous avez euë d'examiner avec attention la traduction, que j'ai eu l'honneur de vous envoyer. J'y ai reconnu en même tems deux chofes, qui m'ont fait un égal plaifir, je veux dire des marques de voftre amitié, & de voftre bon goût. Auffi ai-je

---

* Jean-Paul Bignon, abbé de St-Quentin, bibliothécaire du roi, l'un des 40 de l'Académie française, etc.; embrassa toutes les connaissances et protégeait les gens de lettres.
Il mourut en 1743, à l'âge de 81 ans.

déjà fait mon profit de la plus part de vos obfervations. Par exemple, j'ai tourné ainfi le commencement :

> Didon, qu'au fond du cœur un feu fecret dévore,
> Y nourrit, y fent croître un poifon, qu'elle ignore.
> L'air du héros Troyen, fon vifage, fa voix,
> Ses ayeux, fes vertus, fes malheurs, fes exploits,
> Tout revient dans la nuit f'offrir à fa penfée,
> Et troubler le repos de fon âme bleffée.

Trouvez-vous ce début bien en cet état. Aux deux vers fuivans, pardonnez-moi fi je crois, que la manière la plus fimple & la plus courte en ces fortes de chofes eft la meilleure. Ce n'eft point là où le lecteur trouve le magnifique. Il fuffit qu'il n'y ait rien de rampant.

Au 10e vers j'ai mis, fuivant voftre avis, *quel étranger, ma fœur.* Peu après il me femble que l'interrogation a plus de force qu'une fimple affirmation. Je crois feulement que les deux vers feront mieux ainfi :

> Dans ce défaftre affreux, qui mit Pergame en cendre,
> Quels périls, quels revers l'ont jamais ébranlé?

Il n'eft queftion que des événemens d'une journée, & Didon en a pû eftre exactement informée, foit par Enée, foit par fes compagnons.

Aux vers fuivants j'avais craint l'équivoque, comme vous en avez bien jugé.

Si vous croyez que ma crainte eſt mal fondée, il ſera aiſé de mettre : *Un cœur vil par la crainte &c*. A l'égard des quatre vers, qui ſuivent, en conſéquence de voſtre judicieuſe obſervation je les ai réformez en cette ſorte :

> Ah ! si ma vie aux pleurs n'eût été condamnée,
> Si je n'avois juré de fuir tout hyménée,
> Mon cœur pour un Héros ſi digne de ſes vœux
> S'engageroit peut-être en de coupables nœuds.

Je ne ſçais ſi cette tournure vous plaira mieux. Quoiqu'il en ſoit vos premières réflexions m'en font déſirer la ſuite avec une extrême ardeur, ſans oſer pourtant vous preſſer trop là deſſus. Si vous avez quelque ouvrage ſur le métier, je ſerois bien fâché de l'interrompre. Mais ſi vous trouvez quelques momens de loiſir, je vous ſerai bien obligé de continuer à me donner vos inſtructions, que je recevrai toujours avec une docilité égale à l'eſtime ſincère, avec laquelle j'ai l'honneur d'eſtre, Monſieur, Voſtre très humble & très obéiſſant ſerviteur

Le P. Bouhier.

CE ne font point, Monfieur, de simples lueurs, que vous avez la bonté de me presenter, mais de fages & de judicieuses réflexions, dont j'ai taché de faire mon profit, comme je m'efforcerai encore de le faire, fi vous avez la complaifance de continuer. Cette auftére révifion ne laiffe pas de me donner de la befogne, & je pourois vous dire avec noftre ami Horace

> Tu lene tormentum ingenio adhibes
> Plerumque duro.

Mais après tout il eft difficile de rien faire de bien fans cela. Venant à noftre ouvrage, en me rendant à voftre avis, j'ai changé ainfi les vers 6. & 7.

> Au lever de l'Aurore elle court chez fa fœur,
> Et lui confie ainfi les troubles de fon cœur.

Dans le vers 27, & fuiv. la rencontre des 3. *que* m'a toujours embarraffé. C'eft ce qui m'avoit fait prendre le parti de me fervir du *puiffe*, au v. 28. par ce qu'il m'aidoit à fupprimer l'un des *que*. Ce changement de conftruction me paroit même convenir au dérangement de la paſſion. D'ailleurs je vous avouë que j'ai peine à me reſoudre à changer le vers 29. Ainſi; quoique ſuivant voſtre conſeil j'aye refondu les deux précédens, il me ſemble que le tout ne ſera pas mal en cette ſorte :

Mais que pluſtôt ſous moi s'ouvre un gouffre profond ;
Vienne pluſtôt la foudre eclater ſur mon front,
Qu'à d'indignes projets &c.

La maniére, dont vous tournez les vers 31, & 32. me plaiſoit fort, ſi les rimes, *pleurs* & *douleurs* ne revenoient un inſtant après. Je les ai donc rétablis ainſi :

Un déluge de pleurs interrompt ce diſcours.
Sa Sœur en eſt émuë, & tremblant pour ſes jours,
Quelle erreur, lui dit-elle, &c.

Je paſſe condamnation ſur les vers 41, & 42. Je ne ſcais ſi vous les trouverez bien en cette ſorte :

Quand voſtre cœur, rebelle aux deſirs de Carthage,
D'Iarbas, de cent Rois, a rejeté l'hommage,
Ais-je oſé d'un seul mot blâmer vos feux conſtans ?

Peu après, peut-etre faudroit-il mettre

Vous ſcavez trop, combien nos murailles naiſſantes, &c.

Affin qu'il n'y ait pas tant d'interrogations.

Au v. 60. au lieu de, *rendre d'un tel*

bonheur &c. ne vaudroit-il pas mieux mettre, *d'un tel bienfait.*

Mais vous rompre la tête de ces minuties, n'eſt-ce pas abuſer de voſtre amitié. Je n'en ſens que plus, combien je lui ſuis redevable, & vous pouvez compter que ma reconnoiſſance, Monſieur, eſt au deſſus de toute expreſſion.

Je finis ſans ſignature, & ſans cérémonie, vous ſuppliant qu'il en ſoit deſormais uſé ainſi entre nous.

Dites moi quelques fois des nouvelles du docte corps, & ſur tout de vos amuſemens littéraires.

Dijon 1. de Juin 1737.

J'AI deja eu l'honneur de vous marquer, Monſieur, qu'il ne falloit point vous gêner pour la ſuite de vos obſervations. Il ne ſeroit pas juſte de vous detourner de vos affaires, où je comprens même vos plaiſirs, qui ſont à mon gré une des choſes des plus néceſſaires à la vie. J'envie fort ceux que vous allez goûter dans le délicieux ſéjour de L'iſlebelle[*],

[*] Séjour de plaisance de M. l'abbé Bignon.

quoique je prévoye que vous n'y aurez pas trop le loifir d'y jetter les yeux fur noftre Traduction. Mais j'en ferai bien dédomagé, fi vous voulez bien faire un peu ma cour a voftre aimable hôte, pour qui vous connoiffez ma vénération.

J'aime à vous voir penfer comme vous faites fur noftre ami M. Trudáine. C'eft en effet la vertu même, & d'ailleurs je sçais qu'il a pour vous toute l'eftime que vous méritez.

Vous fçavez fans doute que M. l'Abbé d'Olivet & moi nous venons d'enfanter une nouvelle Traduction des Tufculanes. Je ne fçais comment je m'engageai il y a quelques années à une cinquiéme partie de cette fotte befogne. Quoiqu'il en foit des cinq Auteurs, il n'en eft refté que deux, qui ayant eté en etat d'y travailler, & il n'y a pas eu moyen de demeurer en chemin. A l'Egard des Notes, il a falu m'en charger feul, & j'en fuis venu à bout, plus en faveur des Etrangers, que de nos François, qui n'aiment plus que la babiole. Je compte que mon affocié vous mettra un des premiers fur la lifte des exemplaires, qui feront diftribues en noftre nom commun. Si je n'ai pû avoir vos obfervations critiques pour cette edi-tion, j'efpére que vous ne me les refuferez pas pour une feconde. Ma reconnoiffance fur le paffé doit vous affurer, Monfieur, de celle de l'avenir.

---

2. Juillet.

J'Aurois eté fort inquiet, Monfieur, fi j'avois fçû la cause de voftre filence. Je fuis charmé que vous vous portiez mieux, & que vous m'en ayez donné des preuves par la fuite de vos judicieufes obfervations. Je ne fçais fi vous ferez content de la manière, dont j'en ai profité, en faifant les réformations fuivantes.

v. 101.

Elle demande Afcagne; admire fon vifage;
Du père dans le fils elle cherche l'image;
De fon charmant vainqueur croit voir en lui les traits;
Et trouve à l'embraffer mille charmes fecrets.

Tandis que dans fon cœur ces penfers fe nouriffent,
Les travaux commencez bientôt fe ralentiffent.
Ces tours, qui jufqu'aux cieux avoient dû s'élever,
Port, vaiffeaux, & remparts, rien ne peut s'achever.
En plaifirs le temps coule, & ces vaines délices
Font des jeunes guerriers ceffer les exercices.

v 113.

D'un cœur de plus, Vénus, fans doute la conquête
Eft pour vous, pour l'Amour &c.

v. 129.

Daignez de mon refpect mieux juger, lui dit-elle.
Moi, jurer à Junon une guerre immortelle!
Non non, à vos défirs je ne réfifte plus.
Mais vous fçavez du fort les décrets abfolus.

v. 138.

Mais je forme un projet, dont je dois vous inftruire.
Demain, dès que l'Aurore annoncera le jour,
La Reine, je le fçais, aux forêts d'alentour
Doit faire avec Enée une fuperbe chaffe.
Auffitôt que du cerf les chiens fuivront la trace,
Et qu'au loin dans les bois tout fera difperfé,
Un noir torrent de pluie alors par moi verfé,
Mêlé de vents, de grêle, &c.

v. 149.

Elle & vôtre cher fils, pour éviter l'orage, &c.

Vous avez critiqué ma phrafe : *Enée avec Didon chercheront, &c.* comme peu Françoife. Peuteftre aurois-je pû la deffendre, & j'aurois eu du moins pour moi l'exemple de Gilles Boileau *, qui en fa traduction affez eftimée du même livre a dit :

Enée avec Didon au milieu de l'orage
S'échapperont enfemble en quelque antre fauvage.

Mais j'ai préféré vôtre obfervation. S'il

---

* Boileau (Gilles), fils aîné d'autre Gille et frère de Despréaux, avocat au Parlement de Paris, payeur des rentes et membre de l'Académie française. Il mourut en 1669, âgé de 38 ans, contrôleur de l'argenterie du roi. Boileau avait de la littérature et de l'esprit; il écrivait facilement en vers et en prose, mais il ne se défiait pas assez de sa facilité.

y a d'autres endroits, où je n'y aye pas
déféré, voici mes raiſons.

v. 107.

Ces tours, qui juſqu'aux cieux &c.
Outre que cette exagération eſt pardon-
nable à un Poëte, elle eſt de l'original :
æquataque Machina cælo.

v. 114.

Un grand ſujet de fête. Cette expreſſion, qui en effet ne ſeroit pas aſſez noble
ailleurs, me paroît entièrement convenable dans un dialogue ironique, & preſque ſatirique, tel que celui cy.

v. 116.

De deux dieux. J'avouë qu'il y a là
quelque choſe de rude. Mais on ne peut
changer cette expreſſion, ſans affaiblir ce
paſſage. *Deux divinitez,* me ſemblent trop
foible, ainſi que *deux déitez,* dont s'eſt
ſervi Segrais*. J'ai pour moi l'exemple de
G. Boileau, qui a dit :

Que pour vaincre une femme il ait falu deux dieux.

On comprend aiſément, que le mot,

* Segrais (Jean-Regnault), poëte et littérateur français,
est né à Caen en 1624, et y mourut en 1701. Sa conversation
avait de l'agrément, et la vivacité de son esprit lui fournis-
sait toujours quelque chose de nouveau.

dieux, renferme auffi les déeffes. De plufieurs perfonnes de goût, qui ont lû cet
endroit, aucun ne l'avoit défaprouvé.

v. 129.

Didon & le Troyen. Le *Troyen* vous
paroit offenfant pour Enée. Mais 1°. ce
n'eft pas à lui, que parle Junon. 2°. Il faut
fe fouvenir, que c'eft la Reine des dieux,
qui parle d'un mortel. Segrais a fait de
même, car peu après il dit :

Au lieu le plus défert
La Reine & le Troyen chercheront le couvert.

Et vous même vous avez approuvé qu'au
v. 87. je miffe :

Le Troyen, que Didon conduit de toutes parts &c.

A l'égard de l'*hiatus* de *Troyen* avec la
voyelle fuivante, il n'eft pas fenfible, à
caufe du point, qui eft à la fin du 1er vers.

v. 148.

Dérobera la Reine &c. Vous voudriez :
Nous cacherons la Reine &c. pour ad-
mettre le concours des deux puiffances.
Mais le Poëte met tout cela fur le compte
de Junon : *Defuper infundam.* Enfuite il
ajoute fimplement : *& nocte legentur
opacâ.* Il n'y a rien là, qui marque que

Vénus dût avoir la moindre part à cet orage. Ce n'étoit point là fon rôle.

Mais c'eft trop vous arrêter a des bagatelles. Je vous prie pourtant de vouloir pouffer la patience jufques au bout. Je fais trop de cas de vos fages confeils, pour m'en pouvoir paffer deformais. Je vous fouhaite feulement la fanté auffi parfaite, Monfieur que l'eft ma reconnaiffance.

Je compte que M. l'Abbé d'Olivet ne tardera pas à vous offrir nos Tufculanes. Je fouhaite fort qu'elles vous agréent. Si vous y trouvez chemin faifant quelque chofe à critiquer, ne nous le cachez pas. Cela pourra fervir pour une 2ᵉ Edition. Mais le tout à votre grand loifir. Cela fera bon pour le 1ᵉʳ voyage que vous ferez.

———

1. Aouft 1737.

J'Ai corrigé, Monfieur, en conformité de vos bons avis les vers 159, 162, 262, & 275. A l'egard du 167, & du fuivant, voici comme je les ai refondus

L'or & les diamans brillent fur fes habits
Sa houffe, fon carquois font d'un ouvrage exquis.

Mais comme *brillante* se trouve au v. 165. je changerois ce mot en celui de

ſuperbe, & deux vers plus haut je remet-
trois, *pompeuſement paré.* Qu'en penſez
vous, & de cette nouvelle tournure des
v. 179, 180, & ſuiv.

> Ses cheveux treſſez d'or flottent au gré des vents,
> Et tout tremble à l'aſpect de ſes traits menaçans.
> Telle du grand Troyen la mine noble & fiére
> Enchante les regards de la troupe guerriére.

Au lieu d' *à l'aſpect,* j'aurois pû mettre,
au ſeul bruit. Ce qui auroit eté plus littéral. Mais j'avouë que je ne comprens
pas comment des traits, qui ſont dans un
carquois, peuvent faire du bruit. Je viens
aux v. 189. 190. Les aimeriez vous mieux
ainſi

> Il voudroit qu'une laye, un lion plein de rage
> Vinſſent dans cet inſtant eprouver ſon courage.

J'en dis autant de ces deux, qui ſont le
193. & le 194.

> Des cieux de toutes parts les flots tombent à verſe;
> Chaſſeurs & courtiſans, tout fuit, tout ſe diſperſe.

Il me ſemble cependant, que j'aurois pû
deffendre, *pêle mêle.* Malherbe* s'en eſt
ſervi, & Ménage ** en ſes Obſervations a

---

* Malherbe (François de), né à Caen en 1556, mort à
Paris en 1628, est le premier de nos poètes qui ait fait sentir
que notre langue pouvait s'élever à tout ce que la poésie
lyrique a de plus sublime.
** Gilles de Ménage, né à Angers en 1613, mort à Paris
en 1692, un des plus célèbres littérateurs du siècle dernier.

cru que ce mot etoit de la haute poëſie.
Pourquoi apauvrir noſtre Langue , en la
privant de pluſieurs mots, qu'il eſt difficile de remplacer.

Au v. 201. au lieu de *ſoupirer*, on peut
mettre *ſangloter*. Cela répondra mieux
à *ulularunt*. A l'égard des v. 247, 248. les
agrériez vous en cette ſorte :

Je fais plus. Je permets, qu'une ville en ces lieux
Sous ſes loix ſe conſtruiſe , & retire ſes Dieux.

On peut changer ainſi le v. 270.

Qu'il ſouffre que du moins Aſcagne en ait la gloire.

On ne peut pas mettre *ſon fils* en ce vers,
par ce que ce mot eſt répété au vers ſuivant.

Reſte le v. 279. ou cette expreſſion, *aux
mots ouvrez les yeux*, vous a fait de la
peine. Si vous voulez prendre celle de
jetter les yeux ſur le Commentaire du
P. de La Ruë*, vous verrez l'explication,

* La Rue (Charles de), jésuite, né à Paris en 1643, mort
en 1725. Dès sa jeunesse les belles-lettres et la poésie latine
et française exercèrent ses talents, qui présagèrent ses succès, et on peut dire qu'il en a eu de propres à le distinguer
des littérateurs et des poètes de collége. Dans un âge plus
avancé, il dirigea ses talents vers l'éloquence de la chaire,
où il se fit une réputation que ses sermons imprimés justi-
fient.

qu'il y donne, qu'on pouvoit remettre devant les yeux des lecteurs dans une note. Mais peuteſtre vaut-il mieux leur en epargner la peine, en ſuivant une autre explication toute contraire, propoſée par l'ancien Grammairien Servius, & même ſuivie & appuiée par voſtre Saumaiſe, où il rend *reſignat* par *claudit*. Cette contrarieté vous paroitra ſans doute ſinguliére. Mais comme nous avons la liberté de choiſir le ſens, qui vous plait le plus, je me détermine à mettre dans ma traduction, *aux morts ferme les yeux*. Cela n'arrêtera perſonne. J'avouë que j'ai affecté en cet endroit, & en quelques autres une grande préciſion, pour juſtifier une propoſition, que j'ai ſouvent ſoutenuë, & que je tiens trés vraye, ſçavoir qu'à tout prendre noſtre langue eſt auſſi conciſe que la Latine, & quelques fois davantage. Je crois de plus que cette préciſion, quand elle eſt bien ménagée, & qu'elle ne produit point d'obſcurité, eſt une des choſes, qui donnent le plus de force, & de majeſté à la poëſie.

Mes deux Tuſculanes auroient eu ſans doute beſoin d'un Reviſeur eclairé & ſincére tel que vous, pour eſtre leuës avec plus de plaiſir. Si en les parcourans vous y trouvez quelque choſe, qui vous bleſſe,

ne me refuſez pas le plaiſir de m'en avertir. Cela poura ſervir à rendre plus cor-
recte une 2ᵉ Edition. Mais j'ai peur d'a-
buſer un peu trop de voſtre complaiſance.
J'attens avec impatience la ſuite de vos
judicieuſes obſervations ſur noſtre Enëide,
que je recois, Monſieur, avec la plus vive
reconnoiſſance.

Dijon 31. Aouſt 1737.

JE me trouve trop heureux, Monſieur,
de trouver en vous l'ami ſolide d'Horace. *Vir bonus & prudens verſus reprehendet inertes* &c. Il faut tâcher de ne
vous pas mettre dans le cas du *totum
delere jubebat*. Voici donc ce que j'ai fait
pour cela.

Je ſuivrai vos avis ſur les vers 189, &
190. Mais comme la céſure, *dans l'ardeur*, rimeroit avec le vers précédent, je
ſuis d'avis de mettre

Il voudroit pour eſſai de son jeune courage &c.

Approuveriez vous les vers 193, & ſuiv.
en cette ſorte

L'onde tombe à grands flots. La grêle en fait de même.
A l'envi chacun fuit. En ce deſordre extrême
La Reine & le Héros &c.

Et le vers 277, & fuiv.

> Par lui ce Dieu conduit les morts aux rives fombres;
> Par lui du noir féjour il evoque les ombres;
> Donne, ôte le fommeil; & traverfant les Cieux
> Va porter aux mortels les volontez des Dieux.

J'approuve voftre correction fur les v. 288, & 296. Le 292 peut eftre réformé ainfi

> Qui guette le poiffon, en planant à fleur d'eau.

Au v. 299. je comprens que Mercure pouvoit ne pas appeller Enée par son nom. Mais je trouve qu'il y a plus de grace à le faire. Puifque *Fils de Cypris*, vous déplait, on peut tourner cet endroit en cette maniére

> Lui dit : Fils de Vénus,
> Ainfi donc, méprifant des ordres abfolus,
> Pour d'indignes plaifirs oublions l'Aufonie;
> Tu viens &c.

Segrais ayant dit, *Efclave d'une femme* &c. j'ai voulu eviter cette expreffion. Je voudrois que vous euffiez le loifir de comparer fa traduction, & celle de Boileau le Rentier * noftre autre confrere avec

---

* Gilles Boileau s'étant brouillé avec son frère cadet (Boileau Despréaux), on fit contre lui l'épigramme suivante :

> Veut-on savoir pour quelle affaire
> Boileau le rentier aujourd'hui
> En veut à Despréaux son frère?
> Qu'est-ce que Despréaux a fait pour lui déplaire?
> Il a fait des vers mieux que lui.
> DELINIÈRES. (Dans le *Bolœana*).

la mienne. J'eſpere que la ſaiſon, où nous entrons, va vous donner un peu plus de loiſir, & que j'en profiterai.

La mort de la pauvre Mad⁰ de Maubourg m'a cauſé une douleur, que je ne puis vous exprimer. C'etoit une amie d'un caractére rare, & qui joignoit toutes les qualitez d'un honnête homme, à l'enjoument d'une femme aimable. Je comptois d'avoir le plaiſir de paſſer avec elle quelques jours a ſon retour, & la voila perduë pour jamais pour nous. *At vobis male ſit, malæ tenebræ.* Mad⁰ ſa mere & Mʳ ſon frere m'en paroiſſent au deſeſpoir. Ils ont bien raiſon. Vous faites auſſi en ſa perſonne une grande perte. Elle connoiſſoit mieux qu'un autre tout ce que vous valez, & nous en avions parlé long tems ſur ce ton elle & moi à ſon dernier & fatal voyage. Je n'ai pas la force de vous en dire davantage.

Dijon 15. Octob. 1737.

JE vous dois, Monſieur, non ſeulement de nouveaux remerciemens, mais auſſi des complimens ſur voſtre mariage, que j'aurois abſolument ignoré, ſi M. l'Abbé d'Olivet ne me l'avoit appris.

depuis peu. Sans cela je n'aurois pas tant tardé à chanter, 10, *Hymen, ô Hymenee*, & à vous fouhaiter dans cet engagement toute la fatiffaction, que vous méritez.

Vos remarques m'ont paru à leur ordinaire très fages, & très judicieufes. Mais quand la chaleur de la compofition eft paffée, on a plus de peine à fe remettre à la correction. Je me fuis enfin déterminé, fous voftre bon plaifir, à tourner ainfi les vers 193, & 194

> Le ciel verfe un torrent & de grêle, & de pluie.
> Il n'eft ni courtifan, ni chaffeur, qui ne fuie.

Aux vers 315, & 316. j'aurois voulu imiter le *Heu, quid agat*, & le *Reginam furentem* de Virgile. Si vous croyez, que cela ne convient pas, on peut y fubftituer

> Mais à des nœuds fi doux s'il lui faut renoncer,
> Quelle bouche à la Reine ofera l'annoncer.

Et peu après

> Aux chefs des Phrygiens affemblez en fecret
> Il fait part de fa peine, & leur dit fon projet.

Au v. 326. corrigez : Et pour *l'exécuter chacun &c.*

J'ai refondu ainfi fuivant vos avis, les vers 339, & fuivans

> Ainfi marche la Reine en proye à fon couroux ;
> Et trouvant fous fes pas fon infidelle Epoux :
> As-tu pû te flatter, perfide, lui dit-elle.
> De cacher à mes yeux ta fuite criminelle ?

Les vers 399 & 400, doivent être corrigez ainſi

> Oui, c'eſt lui, je l'ai vû. J'ai reconnu ſa voix.
> Il vient de m'impoſer la plus rude des loix.

Et le 419 & 420

> Il vient. De cent bienfaits je comble l'inhumain.
> Je lui donne à la fois & mon ſceptre, & ma main.

Au 461

> Témoin de mes ennuis conſidére, dit-elle,
> Avec quelle rigueur &c.

Au 469.

> Quel démon contre moi peut endurcir ſon ame?
> Hé quoi! dans Ilion ais-je porté la flamme?

Au 473

> Pourquoi me fuir? Pourquoi refuſer de m'entendre?

Au 481

> De mon ſang, s'il le faut, je paîrai ce ſervice

Voilà les endroits, qui m'ont paru les plus importans. Dans les autres j'ai profité de vos avis, comme j'eſpère bien d'en profiter pour le reſte, ſi vous avez la patience de continuer, comme je vous en ſupplie. Ma reconnoiſſance, Monſieur, eſt très ſincèrement au deſſus de toute expreſſion.

JE n'avois pas eu d'abord deſſein, Monſieur, de donner ma traduction du *Pervigilium*. Cependant beaucoup de gens
m'ayant fait des reproches de cette omiſ-
ſion dans l'Edition de Hollande, j'ai voulu
les ſatiſfaire, en conſentant que cette pièce
s'imprime dans l'Edition nouvelle, qu'on
en veut faire à Paris. Je n'aurois pourtant jamais oſé l'expoſer au grand jour,
ſi je n'avois compté que vous voudriez
bien y faire vos remarques critiques. Je
vous rends grâces de l'exactitude, avec
laquelle vous avez bien voulu vous y
prêter. J'ai tâché de corriger la plus grande
partie des choſes, qui vous ont fait de la
peine. Il n'y a que le refrain, ſur lequel
je n'ai rien trouvé, qui me contentât.
Vous & M. de Fontenelle * vous avez pris
les meilleures manières de le tourner.
Après vous il me falloit prendre un nouveau tour. Dans le fonds que veut dire ce
vers : *cras amet &c.* ſi ce n'eſt, *Que de-*

---

* Fontenelle (Bernard le Bouvier de), de l'Académie des
sciences et de l'Académie française, de celle des belles-lettres,
et de plusieurs autres, né à Rouen en 1657, mort à Paris
en 1757. Son nom peut servir à deux époques différentes
dans l'histoire, chez notre nation : au développement de
la philosophie et à la corruption du goût.

main tout le monde ſe livre aux charmes de l'amour. D'ailleurs en le réduiſant en 4 petits vers, je ne rendrois pas, *ver novum, ver jam canorum &c.* Je l'ai fait marcher le premier, & plus naturellement, ce me ſemble. Pour le reſte voici mes corrections.

Cantique 1. Stroph. 2.

Je mets au 4ᵉ vers :

Ce grain dont les mortels ont fait leur nourriture.

Et au 7ᵉ

D'où tous ces biens lui ſont venus.

Cant. 2. Stroph. 3.

Au v. 18. je pourrois vous citer de bonnes autoritez, pour juſtifier que les Poëtes diſent indifférement *Zéphire*, ou *Zéphir*. Mais comme je préfére la voſtre, j'ai corrigé :

Zéphire amoureux, qui voltige.

Stroph. 5.

v. 1. j'ai remis :

Nymphes des citez, des bocages.

Strophe dernière.

Au v. 12. Ce n'étoit pas ſans réflexion,

que j'avois mis, *la Sœur de Philoméle*. Il y a dans le texte original , *Terei puella*. Cela fignifie à la lettre , *la femme de Térée*, qui, comme vous fçavez étoit *Progné*. Le P. Sanadon * l'a traduit ainfi avec raifon. C'eft donc de la fœur de Philoméle, qu'a voulu parler le Poëte. Ce qui vous étonne, c'eft que fuivant le fentiment d'Ovide, qui eft aujourd'hui le plus commun, Progné fut changée en hirondelle, & que c'eft un oifeau, dont on ne fauroit vanter le ramage. Mais le fentiment d'Ovide n'étoit pas celui des Anciens, tels qu'Homère &c. qui ont dit que ce fut Progné, qui fut changée en roffignol, & Philoméle en hirondelle. Pour ne vous point fatiguer de citations, je vous renvoie à celles qu'en a rapportées Dacier **, fur l'Od. 12. liv. 4. d'Horace. J'y pourois même ajouter celle de Virgile quelque part. Il eft évident que l'Auteur du *Pervigilium* a fuivi cette opinion, à laquelle par conféquent j'ai crû devoir

---

* Sanadon (Noël-Etienne), jésuite, né à Rouen en 1676, mort à Paris en 1733. On peut le placer avec honneur, parmi nos auteurs qui ont cultivé avec succès la poésie latine.

** Dacier (André), garde des livres du cabinet du roi, membre de l'Académie française et de celles des inscriptions et belles-lettres, né à Castres en 1651, épousa en 1683 la célèbre Madame Dacier (Mlle Taneguy Lefèvre de Saumur qui partagea ses travaux). Il mourut le 18 septembre 1722. On a de lui beaucoup de traductions d'auteurs grecs et latins.

3

me conformer. Et c'eſt pour cela , que j'ai mis peu après ▸ *les outrages, que l'hymen lui fit autrefois*. Voilà mes raiſons, qu'on pouroit expliquer par une courte note au bas de la page. Que ſi vous croyez que je dois préférer le ſentiment commun, pour ne pas arrêter les lecteurs , il ſera aiſé de corriger :

La tendre Philoméle enchante ces bocages.

Et plus bas :

Que l'amour lui fit autrefois.

Vous déciderez cela , s'il vous plaît , avec M. l'abbé d'Olivet.

Pour ce qui eſt de la rime de *roſée* avec *arroſée* , je ne crois pas que le premier ſoit plus le ſimple du ſecond, que *roſe* ne l'eſt d'*arroſe*. Quand même cela feroit, j'ai pour moi l'exemple de Racine, qui a fait rimer deux fois, *Etre* à *peut-être*. Ce que je ne voudrois pourtant pas faire. Mais je ne crois pas avoir beſoin de recourir à cet exemple.

J'apprens avec déplaiſir, le dérangement de votre ſanté. Ménagez vous pour vous, & pour vos amis. J'oſe vous aſſurer, Monſieur, que vous n'en avez point de plus ſolide , & de plus reconnoiſſant que moi.

Afin que vous ne penſiez pas, que c'eſt par pareſſe, que je n'ai pas voulu changer le *Pervigilium* ſuivant vos idées, voici deux manières, qui me ſont venues en penſée.

> Que tout cœur à l'Amour rebelle
> Demain ſe ſoûmette à ſes loix.
> Que tout cœur à l'Amour fidelle
> Demain confirme un ſi beau choix.

Ce refrain ne convenant point, parce que toutes les ſtances commencent & finiſſent par des rimes féminines, j'avois fait cet autre quatrain

> Que tout cœur rebelle à l'Amour,
> Dès demain lui rende les armes.
> Que tout cœur, qui connoît ſes charmes,
> S'y livre encore en ce beau jour.

On entend, je penſe, aſſez que ce beau jour eſt celui de demain. Si vous croyez que ce commencement puiſſe plaire, je m'en rapporte à votre déciſion, & à celle de noſtre cher Abbé, à qui vous trouverez bon que cette lettre ſoit connue.

LA ſévérité de voſtre critique, Monſieur, me fait d'autant plus de plaiſir, que c'eſt une marque de la ſolide amitié, & de l'interest, que vous voulez bien prendre à la perfection de nostre Didon. Ce n'est pas que mon Pégase ne regimbe de tems en tems. Mais la raison le tient en bride. Je viens à vos observations.

Il me sembloit qu'au v. 489. le sens de *ses tristes sanglots* étoit assez déterminé par ce qui précède. Mais je conviens avec vous, qu'il vaut mieux eviter, quand on le peut, tout ce qui pouroit arrêter. *Ne peuvent rien sur le cœur du Héros,* seroit plus littéral. Mais comme cela paroit contraire à ce que dit peu après Virgile, qu'Enée en cette occasion, *magno persentit pectore curas,* & que d'ailleurs je lui suppose dans le vers 485, un reste de tendresse, qui interesse davantage dans la situation, où il se trouve, je me détermine à mettre :

Mais ses pleurs, ses sanglots
Portent envain le trouble en l'ame du Héros.
L'amour cède au devoir &c.

Il me semble qu'au v. 493. j'avois corrigé : *Tel aux pleurs des deux sœurs* &c. & non, *Tel aux cris* &c. Ne trouvez vous pas que *recit des maux d'une amante* &c. est un peu faible.

Au v. 501. je corrigerai, *dans le vase*

facré. Si au vers fuivant j'ai mis, *en un vin noir,* au lieu de, *en un sang noir,* c'est par diftraction.

Au v. 5o3, & fuiv. quoique la tournure, que vous donnez à cet endroit me plaife beaucoup, j'ai peine à gouter, *Eft là de fleurs parée.* D'ailleurs entre *Sichée,* qui fait la céfure, & *parée,* il y a une rime, qu'il faut eviter, comme vous fcavez mieux que moi. Puifque vous croyez que le terme, *confacré,* conviendrait mieux que *dédié,* voici comme je crois que ces vers peuvent eftre réformez :

> *Aux manes de Sichée un temple confacré*
> *Fut conftruit au Palais dans un lieu retiré.*
> *Là de fleurs par Didon fon image eft passée &c.*

Je paffe condamnation fur *troubles pareils* du v. 5i5. Mais comment changer en mieux ces deux vers. Ils m'ont donné plus de peine, que tout le refte du Poëme. Voyez fi ces deux-cy vous accomoderoient :

> *Tel Penthée en fureur crût voir dans fes accès*
> *Deux Thébes, deux Soleils, du haut de fon palais.*

Je vous avouë que mon goût feroit pour la premiére maniére, dont je les avois tournez. Quoiqu'on en puisse dire, *nompareil* eft un mot de la langue, & un

mot *fonore*, & néceffaire en plufieurs occafions. S'il a été profcrit par nos Poëtes
modernes, c'eft par ce qu'on l'avoit pro-
digué autrefois, & que cette Epithéte etoit
pour ainfi dire ufée. Mais cela n'etant
plus aujourd'hui, quel inconvénient y a-
t-il de la faire revivre, & furtout dans le
Poëme Epique, où les termes d'exagéra-
tions font plus permis. Souvenons nous
du mot d'Horace : *Dixeris egregiè, no-
tum fi callida verbum Reddiderit junctura
novum.*

Puifque vous voulez abfolument que
je change le v. 530. le voici d'une autre
façon :

Repait de mots chéris fes entrailles avides.

J'aurois voulu faire mention du miel &
des pavots, dont parle Virgile. Mais cela
ne fe pouvant pas, en changeant l'expreffion, dont je m'etois fervi, il faudra renvoyer ce détail dans une note.

Je vous fçais au refte un gré infini, de
faire quelques fois mention de moi avec
noftre aimable ami. Mais c'eft à lui à *ré-
veiller le chat, qui dort,* en vous exci-
tant à mettre la derniére main à voftre
ouvrage fur la Poëfie lyrique. Attendez
vous que je joindrai mes importunitez

aux ſiennes, pour obtenir cela de vous.
Je voudrois de plus qu'en même tems
vous nous donnaſſiez un Recueil complet
de tous vos ouvrages. J'attens avec impatience la ſuite de vos Remarques ſur
noſtre Enéide.

JE ſens de plus en plus, Monſieur, l'u-
tilité de vos judicieuſes remarques. Je
compte bien d'en faire mon profit. Voici
ſeulement quelques endroits, ſur leſquels
vous voulez bien que je vous conſulte.
Vous me direz ſi je les ai bien reformez.
v. 617. j'ai mis

Par ſes ordres bientôt tu verras tout Carthage
Porter ſur tes vaiſſeaux la flamme & le carnage.
Qui peut donc t'arrêter en ce danger preſſant?
Mercure à ſes regards echape en finiſſant.
Le Héros ſe réveille &c.

v. 633.

De l'Orient enfin l'Aube ouvre la barrière.
La Reine, aux premiers traits de ſa vive lumiére;
Voit du haut de ſes tours ces ſoudains mouvemens,
Et les vaiſſeaux Troyens voguer au gré des vents.

v. 689.
Mais voulant de Sichée
Ecarter la nourice, à la ſuivre attachée,
Pour atteindre à ſon but, elle prend ce détour:
Cours chez ma ſœur, dit elle &c.

v. 699.

> Tandis qu'elle obéit, Didon de toutes parts
> Roule confufément d'effroyables regards.

v. 715.

> Heureuse, fi le fort dans mes naiffans Etats
> N'avoit pas des mortels conduit les plus ingrats.

Voici d'autres endroits, où j'défire de retoucher. Voici mes raifons.

Au v. 629. je crois devoir conferver *cable* au fingulier. Gilles Boileau noftre confrére, en fa traduction du même livre dit :

> A ces mots il tira fon epée effroyable :
> Hauffe & baiffe le bras, frape & coupe le cable.

Que dites vous, par parenthèse, de cet *hauffe & baiffe le bras*. Segrais au même endroit :

> Et d'un tranchant revers il en coupe le cable.

Au v. 650. je conviens, que fi j'avois dit fimplement

> Honneur, Foi, Probité, qu'eftes vous devenuës

Il y auroit eu peutêtre quelque irrégularité. Mais j'ai dit :

> O Vertus deformais inconnuës,
> Honneur, Foi, Probité, qu'eftes vous devenues?

En ce cas *devenues* fe rapporte à *vertus.*

du vers précédent, & c'est comme si j'a-
vois dit : O vertus (je veux dire, Honneur,
Foi, Probité) qu'estes vous devenuës. Il
me semble que si j'avois dit : *Qu'estes
vous devenus*, j'aurois eté répréhensible.

Je vous demande grace pour les vers
655, 682 & 685. Il n'est pas possible d'y
toucher, sans les enerver, & sans en ôter
toute la vivacité, qui fait la principale
beauté de la poësie. Dans ce dernier je
crois seulement, si vous l'approuvez,
qu'on peut substituer *ardeur* à *aigreur*.
J'aurois bien voulu trouver un mot de
deux syllabes, qui eût marqué la haine,
l'acharnement, &c. Mais je l'ai cherché
inutilement dès ce sens, que je composois
cet ouvrage. *Ardeur*, quoique plus faible,
convient assez. Car on dit *l'ardeur guer-
rière*, & il s'en agit ici.

Au v. 697. on peut bien, ce me semble,
appeller Pluton *le Dieu de l'Onde noire*.
Je crois avoir vû quelque part cette ex-
pression. Mais quand cela ne feroit pas,
est-ce qu'on ne peut jamais rien dire de
nouveau. L'Onde noire se prend pour les
Enfers. Puis donc qu'on dit bien, *le Dieu
des Enfers*, pourquoi ne diroit-on pas de
même *le Dieu de l'Onde noire*.

Sur tout cela cependant, Monsieur,
j'attends votre décision, au surplus que

vos obſervations ſur le reſte de la Piéce.
Il eſt de voſtre intereſt de vous défaire
promptement d'un demandant incommode, & qui conſervera toute ſa vie pour
voſtre complaiſance la reconnoiſſance la
plus vive.

Dijon 18. février 1738.

Trouvez bon, Monſieur, que je vous
reveille un moment après un trop
long ſilence. Je ne vous demanderai point

Mollis inertia cur tantam diffuderit imis
Oblivionem ſenſibus.

Je ſcais que vous n'êtes ni ſans occupations, ni ſans amuſemens. Mais enfin
noſtre pauvre Didon ſe plaint d'eſtre encore une fois delaiſſée. Ce ſeroit dommage
que vous lui refuſaſſiez la continuation de
vos bons ſecours, après avoir ſi bien
commencé. Je craignois d'abord que vous
ne vous ſentiſſiez de ces vilains rhumes
qui ont tourmenté tant de monde. Mais
noſtre ami M. l'Abbé d'Olivet me raſſura
il y a quelque tems ſur cela, en me cer-
tifiant que vous jouiſſiez d'une bonne &
brillante ſanté. Je vous en demande quel-

que figne pour mon contingent, & voudrois fort pouvoir vous en donner d'effi-
caces du fincere & parfait attachement
avec lequel, Monfieur, je vous fuis dé-
voué pour ma vie.

Le P. Bouhier.

Je ne fcais fi vous vous fouviendrez que vous
en eftes refté au v. 482.

Dijon 3. Avril 1738

VOs fages & judicieufes obfervations,
Monfieur, m'ont bien dédommagé
de la longue attente. Auffi m'y fuis-je
conformé prefque en tout. S'il y a quelques endroits, où j'héfite encore de le
faire, voici mes raifons, & quelques autres réformations, que vous me permettrez de propofer.

v. 483. J'ai peine à fupprimer : *Parle,
preſſe, gémit*. Il faut bien donner quelque action à la fœur de Didon, & rendre en quelque manière le *Fertque, re-
fertque foror*. Ne fuffit-il pas de changer
ainfi la fuite :

Mais du fage Héros
Le cœur s'emeut envain par fes triftes fanglots.
L'amour céde au devoir &c.

Je paſſe condamnation ſur les v. 493,
494. J'adopterois volontiers : *Tel Enée
aux clameurs d'une amante éplorée &c.*
Mais prenez garde, que celle, aux larmes de qui réſiſte Enée, eſt Anna, & non
Didon. Ainſi il faut tout au moins déſigner
la première. Cela etant, j'ai eſſayé de re-
former ces vers en cette ſorte :

> Tel aux pleurs des deux ſœurs, à leurs plaintes améres,
> Enée eſt agité de mille ſoins contraires.

Voyez ſi vous ſerez content des change-
mens, que j'ai faits aux v. 501, & ſuiv.

> Dans le vaiſſeau ſacré, par un prodige etrange,
> Le vin ſur l'autel même en un vin noir ſe change.
> Au Palais de Didon un Temple édifié
> Fut à ſon cher Epoux par elle dédié.
> Là de fleurs par ſes ſoins ſon image eſt parée &c.

Rien de mieux, que voſtre correction
ſur les v. 509, & 515 & ſuivans. Mais le
mot *furieuſe* qui finit le 514 m'empêche
d'employer le mot *furieux*, au vers qui
ſuit. Je ſçavois bien que *nonpareil*, était
banni des petites Pièces. Mais il me ſembloit qu'il pouvoit bien tenir ſa place dans
la Poéſie Épique. Il ſera aiſé de dire :

> Tel Penthée agité par des troubles pareils &c.

Après ſes parricides peut fort convenir
au v. ſuivant, puiſque Egiſthe après tout
etoit beaupére d'Oreſte.

Au v. 530. je crois avoir pû dire : *repaît ſes dents avides*. Car outre que les
Poëtes ont la liberté de prendre ces parties pour le tout, on ſçait que les dents
ont leur part à la pâture, & même à la
digeſtion. Je me ſouviens d'avoir lû dans
Pline : *dentes digerunt cibum*. Retrancher ces ſortes de libertez aux Poëtes,
c'eſt les réduire aux ſcrupules de la proſe.
Sans cela Racine auroit-il oſé dire : *Et mes
derniers regards ont vû fuir les Romains*.
Pour employer, *repait ſes entrailles
avides*, il faut ſupprimer la mention du
miel, & des pavots, qui paraît ici néceſ-
ſaire. Je pourois bien dire : *Repaît de
mets cheris ſes entrailles avides*. Mais
cela vous paroit-il ſuffiſant pour rendre
le ſens de l'original.

Je ne puis changer à profit le v. 557.
Pourquoi dans cette expreſſion : *En longs
cheveux*, trouvez-vous *En* inutile. Ne dit-
on pas tous les jours, qu'on eſt en cheveux
longs, en cheveux noirs, en cheveux re-
trouſſez. On ne pouroit même dire au-
trement, à moins que de donner un autre tour à la phraſe.

Au v. 562. il m'étoit aiſé de mettre :
l'acier, au lieu de *l'airain*. Mais Virgile a
dit, *falcibus henis*, & il l'a dit exprès.
Car il falloit de l'airain dans ces cérémo-

nies tragiques, & non du fer. Cela pouroit eſtre expliqué dans une note. Pour les deux vers ſuivans, je ſouſcris entièrement a voſtre correction, dont je ne puis trop vous remercier. Voyez ſi vous trouverez bien refondus ceux-cy, qui ſuivent :

En lugubre appareil ſuit la triſte Princeſſe,
Portant les dons pieux, preſcrits par la Prêtreſſe,
Les preſente aux autels &c.

Le v. 582. eſt aiſé à changer de cette manière :

Dans les cieux, ſur la terre, au vaſte ſein des mers &c.

J'adopte auſſi voſtre réformation des vers 583, 584. Si ce n'eſt qu'au lieu de l'antithèſe de *juſte* à *injuſte*, qui me paroit trop ſentir l'Epigramme, je vourais dire :

D'un injuſte refus cherchez le digne prix.

Mille pardons, Monſieur, de vous occuper de ces bagatelles. Je vous dirois volontiers, comme Ciceron à un de ſes amis : *Hæ meæ ineptiæ, fateor enim, ferendæ ſunt. Itaque, ut facis, obſequere huic errori.* Mais que ce ne ſoit pas vous incommoder, s'il vous plaît. Je ſuis bien fâché que voſtre ſanté ne ſoit pas auſſi bonne, que M. l'Abbé d'Olivet me l'avoit marqué. Suivez l'Exemple de noftre bon & illuftre directeur, dont le discours m'a enchanté. Je vous prie de le lui dire, & qu'il n'y a qu'un cri partout fur cela.

Le président Bouhier (Jean), du Parlement de Dijon, était né dans cette ville en 1673. Ses talents pour les lettres, les langues et la jurisprudence, se développèrent de bonne heure. L'Académie française lui ouvrit ses portes en 1727. Il mourut dans sa patrie en 1746, entre les bras du père Oudin, jésuite. Il laissa une riche bibliothèque, qu'il ouvrait à tous les savants de Dijon. On sait aussi qu'il avait une femme aimable et spirituelle qui lui disait quelquefois : *Chargez-vous de penser, moi je me chargerai d'écrire.* Le caractère officieux et communicatif de Monsieur le Président lui attira de nombreux hommages. Les libraires qui publièrent à Paris, en 1725, l'édition de Montaigne, la lui dédièrent. La dédicace ne contenait que ces mots : *A M. le président Bouhier*, SAPIENTI SAT EST. On a de lui les ouvrages ci-dessous : 1°. La traduction en vers du poëme de Pétrone, sur la guerre civile, entre César et Pompée, avec deux épîtres d'Ovide ; des remarques et des conjectures sur le poëme intitulé : *Privilegium Veneris*, Amsterd., 1737, in-4°. Les notes dont il a accompagné ses versions sont savantes. — 2°. Remarques sur les Tusculanes de Cicéron, avec une dissertation sur Sardanapale, dernier roi d'Assyrie, Paris, 1737, in-12. — 3°. Des lettres sur les Thérapeutes, 1712, in-12. — 4°. Des dissertations sur Hérodote, publiées par le père Oudin, avec des mémoires sur la vie du président Bouhier, Dijon, 1746, in-4°. — 5°. Dissertation sur le

grand pontificat des empereurs romains, 1742, in-4°. —
6°. Explication de quelques marbres antiques, dont les ori-
ginaux sont dans le cabinet de M. Le Brét, Aix, 1733, in-4°.
— 7°. Des ouvrages de jurisprudence, et un grand nombre
de pièces, mémoires et anecdotes, publiés dans les divers
recueils du temps.

Clermont, typ. Fd Thibaud.

CORRESPONDANCE

ENTRE

DESTOUCHES

ET

DANCHET.

A Fortoifeau ce 7e Mars 1744.

LE propos que vous avez tenu mon cher Confrere, à M. Tanevot au fujet de mes lettres en vers & en profe, & qu'il m'a rendu très fidellement, m'a paru bien fort je vous l'avoue, & j'y reconnois la fuite des Mercuriales que vous m'avez fait faire par M. de Mirabeau. Je fais que tout cela part d'un fond de zele & d'amitié, mais vous favez auffi bien que moi que ces fentiments ne doivent pas être pouffez jufqu'à bleffer nos amis, & qu'il faut prudemment fe prêter à leurs foibleffes. La mienne eft de croire que mes lettres font dignes de l'impreffion, & me feront honneur, bien loin de me rendre ridicule. C'étoit affez vous le dire, que de les foumettre à votre examen, afin que de vos mains, elles puffent paffer dans celles de mon Imprimeur. Cependant vous vous oppofez à mon deffein,

& vous trouvez mauvais fur tout, que j'écrive en faveur de la Religion. Vous dittes qu'il y a des perfonnalitez dans mes Epigrammes, & que vous ne voulez point en être le cenfeur. Sur quoi vous me permettrez de vous repréfenter qu'il refte encore un moyen de nous concilier. Si dans les quatre lettres que vous avez déja vous trouvez des Epigrammes qui puiffent vous attirer des ennemis auffi bien qu'à moi, ayez la bonté, non pas de rayer ces articles, mais de mettre à la marge une barre qui les exclue de l'impreffion; & de faire entendre à Prault qu'il faut qu'il fe garde bien de mettre au jour tout ce que vous aurez barré de la forte. Pour ce qui eft des autres articles de mes lettres, & des Epigrammes qui ne peuvent produire d'autre effet que de me donner un ridicule, je vous fupplie très inftamment de m'en laiffer courir le rifque, & de vous borner à cet égard aux fonctions de cenfeur Royal. Je ne crois pas que vous puiffiez me refuser cette grace, ni celle de m'expedier promptement, à moins que vous n'ayez réfolu de me defobliger, ce que je ne dois pas même soupçonner d'un Confrere qui m'a donné mille et mille preuves de l'amitié dont il m'honnore; ne croyez pas cependant que vos remontrances à M. Tanevot ayent été fans effet. Elles m'ont déterminé à retrancher plus des trois quarts de mes lettres, que je referverai pour le posthume fuivant votre avis, & a ne mettre au jour que celles qui peuvent y paroître fans le moindre inconvénient pour vous & pour moi. Mon fils qui part lundi prochain pour Paris, les portera à Prault qui aura l'honneur de vous les remettre avec mon *Homme Singulier* que je prends le parti de faire imprimer, parce que j'ai abfolument renoncé au Théatre pour lequel je ne fens plus que du dégoût & de l'averfion, non feulement par fcrupule, mais par l'incapacité de la plupart des Acteurs comiques, qui n'ont plus que les talents neceffaires pour faire tomber la meilleure piece.

Je profite avec plaifir de cette occafion, mon cher Confrere, pour vous renouveller les affurances du parfait attachement que j'ai pour vous.

DESTOUCHES.

J'Aɪ l'honneur de vous envoyer mon cher Confrere ſix lettres à M. de M.

Vingt-quatre lettres à Madᵉ la comteſſe de P.

Quatre lettres à M. D., muſicien.

Ce qui fait trente-quatre lettres; outre quatre autres adreſſées à M. l'Abbé D. leſquelles ſont entre vos mains. De ſorte que le total de ces lettres ſe monte a *trente & huit lettres.*

De plus, je vous envoye dans un autre paquet mon *Homme Singulier*, avec une lettre qui lui ſervira de préface.

Vous verrez en parcourant mes lettres que je me ſuis couppé moi même bras & jambes, pour vous en épargner la peine, & que non ſeulement j'ai retranché tout ce qui pouvoit paſſer pour perſonnel, mais même preſque tous les endroits qui concernent la Religion, en ſorte que vous pouvez approuver tout le reſte, ſans vous commettre en aucune maniere. S'il m'eſt échappé quelque article ou quelque épigramme qui vous laiſſe encore quelque ſcrupule, je vous laiſſe le maître mon

cher Confrere, de faire main baſſe deſſus,
mais je vous ſupplie de n'uſer de ce droit,
qu'en cas que cela ſoit indiſpenſable, &
je doute bien fort que ce cas la ſe préſente, aprez le ſévère examen que je viens
de faire.

Il ne me reſte plus qu'a vous prier de
nous expédier le plus promptement qu'il
vous ſera poſſible, tandis que Prault eſt
en ſi bon train de finir, & ne demande
pas mieux.

J'ai l'honneur d'être, mon cher Confrere avec un attachement inviolable,
votre très humble & très obéiſſant ſerviteur.

DESTOUCHES.

DANCHET A DESTOUCHES.

Paris ce 10ᵉ Mars 1744.

IL me paroit, mon cher Confrere, que
vous prenez feu bien facilement. Le
propos que j'ai tenu à M. Tanevot n'a pas
été tel que vous me le raportez : Je ne
crois pas, non plus que vous, que vos

lettres en vers & en profe puiffent jamais vous rendre ridicule, je ne fais point me fervir de pareilles expreffions.

J'ai dit et j'ofe encore vous le dire, que vous devriez donner au Public vos pieces drammatiques qui vous ont fait tant d'honneur dans les reprefentations, & qui vous en feront encore plus dans l'impreffion fans y joindre des lettres, des pieces fugitives, des Epigrammes qui n'ont aucun raport à vôtre Theatre. Un pareil affemblage n'eft point convenable dans un recueil qui doit paffer à la poftérité auffi bien que les ouvrages de Moliere. Voila comme je penfe & comme je parle.

A Dieu ne plaife que je trouve mauvais que vous ecriviez en faveur de la Religion; moi même je vous exhorterois a le faire, mais je voudrois que ce fût à l'exemple de P. Corneille. Il fe fervit du noble talent de la poëfie pour traduire l'admirable livre de l'Imitation, fans vouloir faire des differtations theologiques qui conviennent moins à un poëte quelque grand qu'il foit qu'à des Arnaulds, à des Pascals & à d'autres qui avoient paffé leur vie à étudier les matieres de la Religion. Vous voyez que je parle avec la plus grande franchife. Si mon confeil ne vous paroit pas bon, vous m'en donnez un tres fage & conforme à ce que je pratique depuis quarante deux ans pour le bureau de la librairie. Vous me dites *de me borner aux fonctions de Cenfeur Royal*. Je fuis commis uniquement pour examiner des ouvrages de litterature foit en latin foit en françois, & toutes les fois que dans les manufcrits qui nous font envoyez, nous trouvons quelque chofe qui concerne la Religion, il y a une lôi qui nous ordonne de mettre à la premiere page *Theologo* afin que ces mêmes manufcrits foient renvoyez à des cenfeurs préposés pour ces matieres. Ce qui nous regarde c'eft d'examiner fi dans les livres de belles lettres il n'y a rien de contraire à l'Etat, rien qui offenfe les particuliers, rien qui puiffe bleffer les mœurs. Voila nôtre employ & j'ai toujours taché de le remplir.

J'ai été fcandalifé, je vous l'avouë, de l'épigramme que vous aviez lancée contre l'abbé Desfontaines* quoique je ne l'aime ni ne l'eftime. Comment avez vous pû ecrire, *vomi du fein de la focieté la non conformité* & l'image affreufe que ces

---

* Savant critique qui eut pour ennemis les médiocres écrivains de son temps, et même dés écrivains célèbres qui ne voulaient être médiocres en rien.

vers faiſoient de Freron* & de l'abbé Deſ-
fontaines. Si vous appellez mercuriales
le ſoin de vous faire refléchir ſur de
telles choſes, je crois les mercuriales
néceſſaires, j'en attendois de vous des
remercimens & non pas des reproches.
Les meilleurs ſermons que nous puiſſions
faire, c'eſt d'oublier, de pardonner les
injures que nos ennemis nous font par
leurs diſcours & par leurs ecrits.

Animi vindicta puſilli
Hinc eſt vindicâ cur gaudet fæmina.

Voila comme Juvenal en parloit ſans
etre eclairé de la véritable Religion.

---

* Est-il permis d'espérer que ce journaliste puisse jamais
trouver d'autres défenseurs que son fils, après les ana-
thêmes lancés contre lui durant sa vie et depuis sa mort,
par nos littérateurs les plus célèbres? Serait-on bien reçu
à dire que personne n'était plus capable de remplacer l'abbé
Desfontaines; que, né avec autant d'esprit que son prédé-
cesseur, il l'a emporté sur lui du côté du talent de la poésie.
Que les auteurs grecs et latins lui étaient aussi familiers
que ceux du siècle de Louis XIV; qu'il a réuni la connais-
sance de plusieurs langues étrangères au mérite de bien
écrire dans la sienne; qu'il s'est montré supérieur dans l'art
de faire l'analyse d'un ouvrage, et surtout d'une pièce de
théâtre, quand il a voulu s'en donner la peine? Serait-il
permis d'ajouter que peu de littérateurs ont eu le coup
d'œil plus juste pour découvrir les défauts d'un livre, le tact
plus fin pour en sentir les négligences et les beautés; qu'il
a été longtemps le seul des journalistes qui relevait les
fautes de langages, aujourd'hui si communes, et qui, en
matière de style, ait su plus finement distinguer le simple
du bas, le naturel du recherché, le sublime de l'enflure, le
vrai du faux?

Des quatre lettres que vous m'annoncez, je n'ai que la seconde adressée à M. l'abbé D... Permettez, mon cher Confrere, que je vous fasse quelques representations. A quoi peuvent servir vos invectives contre la comedie qui a paru sous le titre du *Complaisant?* Apres avoir accusé l'auteur de cet ouvrage d'un larcin manifeste vous ajoutez : *Un fade compliment dont le froid caractere ne pouvoit produire qu'une piece glacée telle que la comedie qu'on m'attribue & dont le mérite n'est qu'un stile assez délicat mais sans vigueur & sans nerfs &c.* Vous dites que vous n'en connoissez pas les auteurs, eh bien, je m'en suis informé & je vais vous mettre au fait, c'est M. de Pontevel & M. de Surgeres qui ont composé cet ouvrage. Pourquoi voulez vous irriter contre vous deux hommes de condition & de merite que vous & les vôtres pourrez un jour trouver en vôtre chemin? Pour un petit interêt d'amour propre faut il offenser des personnes en place & qui peuvent nous faire eprouver leur ressentiment? Que ne mettez vous sans ces declamations le plan de la comedie que vous vouliez faire & les scenes que vous en aviez deja composées? Cela me paroitroit plus raisonnable. Je trouve à la fin de la lettre des Epigrammes dont je ne suis pas bien content. Quelle eſt celle de Clariſſe ?

Tout du plus loin que je vous vois,
Je ſens que le front me demange.

Quelle eſt celle de Margo ? & celle qui finit par *tout en moi devint immobile.*

Croyez moi, laiſſez repoſer les cendres de Blondeau.

Ma main gouteuſe me fait un mal horrible, & je ne puis ecrire plus long tems. Il faudroit que vous fuſſiez à Paris. Un entretien au coin de la cheminée feroit plus que dix lettres.

Je n'ai que la force de vous aſſurer du parfait & ſincere attachement que j'ai pour vous.

DESTOUCHES A DANCHET.

A Fortoiſeau ce 12ᵉ Mars 1744.

JE replique ſur le champ, mon cher Confrere, à la lettre dont vous m'avez honoré le 10ᵉ & je vais faire en ſorte que le

mal entendu qui avoit un peu échauffé mon
fang, ne caufe pas entre nous la moindre
altération, & que deux ou trois lettres que
nous ferons peut-être obligez de nous
écrire fur l'affaire en queftion, puiffent
me difpenfer de faire un voyage à Paris,
quelque défir que j'aye de causer avec
vous au coin de votre feu. Permettez-
moi de vous repréfenter d'abord que mes
œuvres diverses quand même elles ne
réuffiroient pas, ne peuvent faire aucun
tort à mon théatre, puisqu'elles compo-
feront deux ou trois volumes qui en feront abfolument féparez, & que les ache-
teurs auront la liberté d'acquérir mes
pieces fans être contraints à fe charger
de mes lettres. Ce n'eft donc point un affemblage; ce font deux ouvrages tout
différents l'un de l'autre. Ainfi, mon cher
Confrere, quelque malheureufes que
puiffent être mes dernières productions,
je n'ai nulle inquiétude pour les pre-
mieres, fi elles ont quelques mérites,
comme vous voulez m'en flatter. Ayez
donc la bonté d'entrer dans mes idées,
& d'examiner mes lettres que j'ai envoyées
à Prault par mon fils, & que Prault a
déjà dû ou doit vous remettre inceffam-
ment, accompagnées d'un petit billet qui
eft pour vous, & qui vous prouvera avec

quelle docilité je défère à vos avis. Ce que
je vous aſſure à cet égard, eſt confirmé
par l'eſſet, puiſque j'ai ſupprimé tous les
articles qui concernent la Religion. Il eſt
vrai que j'avois repris le deſſein de ſaire
imprimer ces morceaux, mais puiſqu'il
faudroit qu'un théologien les revît après
vous, je ne veux point les expoſer à ce
ſecond examen qui nous retarderoit trop,
& une bonne fois pour toujours, je me
détermine à ne rien dire dans mes lettres
qui concerne la Religion, a moins que ce
ne ſoient des choſes que vous croirez
pouvoir approuver vous même ſans inconvénient. De ſorte qu'après cette con-
cluſion je n'ai rien à vous repondre ſur
les objections que vous me ſaites, & je
reſerve cet éclairciſſement à la première
converſation que nous aurons enſemble.

Par les epigrammes que vous con-
damnez, je vois que vous ne voulez pas
me paſſer la moindre petite licence : Eh
bien, mon cher confrère, ſoyez donc non
ſeulement cenſeur Royal, uſez au par-
deſſus, de tous les droits d'une amitié
ſévère & éclairée. Je livre à votre censure
tout ce qui vous déplaira dans ma proſe
& dans mes vers, & je vous ſupplie de
ſabrer impitoyablement mon ouvrage
comme ſi c'étoit le votre, mais je vous

demande en grâce de n'employer l'autorité que je vous confie, que dans les occasions ou vous la trouverez indispensable. Que l'indulgence accompagne l'amitié & qu'elles ne concluent rien que de concert.

Je vous jure que j'ignorois absolument que M^{rs} de *Pontevel* & de *Surgeres* fussent les auteurs du *Complaisant*, & vous me rendez un vrai service en m'en avertissant. Supprimez donc, je vous en supplie tout ce que mon préambule contient de choquant pour eux. Dressez le tout comme il vous plaira, en cinq ou six lignes, car n'ayant pas ma lettre sous les yeux, il m'est impossible de faire ici moi même cette correction. Néantmoins, il demeurera pour constant que mon sujet m'a été volé, & je sais bien par qui, mais je ne savois point quelles gens avoient profité de cette infidélité. Puisque ce sont des auteurs si importants, il faut encore l'ignorer.

Estes vous content, mon cher Confrere. Quel sacrifice plus grand puis je vous faire. Parlez, je suis tout prêt, pourvu que vous n'exigiez rien au dela des retranchements & changements dont je vous rends le maître. C'est a dire pourvu que vous n'entrepreniez pas de me persuader

de fupprimer totalement mes lettres. Souf-
frez, je vous en conjure, que je me fatiffaffe fur tout ce qui ne peut bleffer ni
vos fonctions, ni votre fage critique, &
comptez, mon cher Confrére, fur le dévouement parfait avec lequel je vous fuis
attaché pour toute ma vie.

DESTOUCHES.

Gardez ma lettre comme un plein pouvoir que
je vous donne pour les corrections à faire dans
mes œuvres diverfes.

DANCHET A DESTOUCHES.

A Paris ce   Mars 1744.

JE vois avec plaifir, mon cher Confrère que vous voulez bien vous rendre au confeil que je vous ai donné de ne
point irriter contre vous Mr de Pontevel
& Mr de Surgeres. Puifque vous n'avez
plus le *fang échauffé*, permettez mon
cher Confrere, que j'ofe encore vous
dire ce que dans ma premiere lettre j'a-
vois paffé fous filence pour ne point vous
trop revolter.

Que vous a fait Mlle C..... cette fille auſſi aimable par la douceur de ſon eſprit, qu'admirable par les talents de ſon art. Voulez vous la punir d'avoir contribué au brillant ſuccés du ballet de *Radegonde?* Quelle epigramme ſanglante decochez vous contre elle?

Malgré vôtre vive ſoupleſſe
On ſ'eſt laſſé de vous, Margo,
Vous voila comme veuve....
Ma princeſſe.

Comment avez vous pû ecrire de vôtre main cette epigramme & l'envoyer à M. l'abbé D...? Vous deviez être bien ſeur de la prudence & de la diſcretion de cet amy. Que ſignifie, *on s'eſt laſſé de vous?* Si ces vers avoient paſſé juſqu'à M. le C... de Cl. quel orage n'excitiez vous pas contre vous? Il eſt des perſonnes que nous devons regarder ſur la terre comme des divinitez. Elles ſont placées infiniment au-deſſus de nous. Elles ont une eſpèce de foudre dans leurs mains. Comment traitez vous enſuite un magiſtrat dont le titre demande plus de conſidération.

Quelque fou vous ramaſſera,
Prenez pour renouër l'intrigue,
Un Robin ſottement prodigue,
Et puis rentrez à l'opéra.

Qu'arriveroit il, mon cher Confrere, fi ce Robin pour fe vanger etoit capable de devenir cruellement prodigue?

Vous voulez que je mette la main à cette lettre écrite à M. l'abbé D... Y avez vous bien penfé? Je fuis fort avancé dans mon quinzieme luftre. Je fuis tenaillé par la goute aux mains, & accablé par de frequens maux de tête & d'eftomach, j'ay à peine la force de travailler à mes propres ouvrages & vous voulez que je me croie affez habile pour retoucher les vôtres. Je ne puis en cette occafion vous repondre que par des vers d'Horace :

Fungar vice cotis; acutum
Reddere quo ferrum valet, ex fors ipfa secundi.
Munus et officium, nil fcribens, ipfe docebo.
Quid deceat, quid non.

A l'égard de votre *Homme fingulier,* je l'ay lû & avec plaifir. Je rendrai le manufcrit paraphé à Prault qui compte par le moyen de cette pièce, achever le cinquième volume de vôtre theatre. C'eft à quoi vous devez feulement fonger pour le prefent; j'ai relu l'ordre qui me fut envoyé par M. le Chancelier lorfque vous eûtes traité avec votre libraire. Je ne fuis chargé par cet ordre que d'examiner le recueil de vos piéces de theatre. Je n'ay garde d'etendre mes pouvoirs au delà. Si

vous n'êtes pas content que vos œuvres
diverſes ſoient imprimées en Hollande
comme elles le ſont, lorſque vous vien-
drez à Paris vous ferez obligé de voir
Mr de Maboul & d'obtenir un nouvel ordre pour vos trois volumes d'œuvres diverſes. Il y a parmi les censeurs royaux
pluſieurs Eccleſiaſtiques qui ſont egale-
ment examinateurs & pour les matieres
de Religion & pour les ouvrages de litterature. Vous pouvez en choiſir un pour
tout ce que vous avez écrit dans l'un &
dans l'autre genre. Je tacherai de vous
aider dans ce choix avec un extrême
zele. Vous devez etre bien perſuadé, mon
cher Confrere, que je n'ai rien tant à
cœur que vôtre gloire & vôtre reputation.
Si quelquefois je vous parle un peu libre-
ment, connaiſſez en cela le véritable ami.
Je ſuis pour toute ma vie, vôtre tres
humble & tres obeiſſant ſerviteur.

A Fortoiſeau ce 20ᵉ Mars 1744.

M. Prault vous préſentera, mon cher Confrere, ce mot de réponſe a votre gracieuſe lettre. Je paſſe condamnation ſur l'Epigramme a Margo; je vous ſupplie de l'effacer ſi bien qu'elle ne paroiſſe plus dans la lettre qui eſt entre vos mains, & de raturer pareillement les autres Epigrammes qui ſ'y trouvent : Mais je vous ſupplie en même temps d'approuver la lettre, moyennant le commencement ci joint que j'y ſubſtitue, & qui doit précéder les ſcenes du *Prothée* qui ſont inſérées dans la même lettre: Si dans la proſe qui ſuit ces ſcenes vous trouvez encore quelques termes choquants pour nos deux nobles auteurs, ayez la bonté de les ſupprimer. C'eſt l'unique effort que j'oſe vous demander deſormais, & il vous coûtera ſi peu, que vous ne pouvez pas me le refuſer.

Il me reſte encore une autre grace à vous demander, pour rendre mon cinqᵉ volume complet, & confiſtant uniquement en pieces ou parties dramatiques : C'eſt de vouloir bien lire & approuver deux autres lettres qui ſervent de prelude ou d'introduction a deux prologues, l'un pour le *Curieux Impertinent*, & l'autre pour l'*Ambitieux*. Je charge M. Prault de vous préſenter ces deux lettres dans leſquelles je me flatte que vous ne trouverez rien qui puiſſe vous cauſer aucun ſcrupule, a moins que vous n'en vouliez retrancher les Epigrammes, & je vous en laiſſe le maître. Voila tout ce que j'exige de votre complaiſance, & je vous ſauve la peine d'examiner toutes mes autres lettres, & de les corriger, puiſque ce travail vous répugne, & que vous ne voulez pas etendre votre pouvoir juſques là. Mais comme je perſiſte dans le deſſein de les faire imprimer a la ſuite de mon 5ᵉ volume qui finira par l'*Homme Singulier*, daignez indiquer pour l'amour de moi a M. Prault, un de ces Cenſeurs Eccleſiaſtiques qui ont le pouvoir d'approuver non ſeulement ce qui a rapport aux belles lettres, mais ce qui concerne la Religion. Indiquez lui ſ'il vous plaît un de vos bons amis a qui vous ſoyez en droit de demander pour nous une prompte expédition. M. Prault ſi vous jugez que cela ſoit indiſpenſable,

demandera permiſſion a M. Maboul,
d'ajoûter ces lettres a mon Recueil dra-
matique. Ne me refuſez pas les demandes
auxquelles je me borne pour ſuivre vos
avis, & comptez, mon cher Confrere,
ſur mon ſincere & tendre attachement.

DESTOUCHES.

Je ſuis bien mortifié de toutes vos incommo-
ditez, mon cher confrere, & je ſerois au deſeſpoir
ſi j'avois le malheur de les augmenter par les fa-
tigues ou les importunitez que je pourrois vous
cauſer en m'accordant ce que je prends la liberté
de vous demander, vous ſerez abſolument débar-
raſſé de moi. Je ne puis finir ſans vous rendre
mille graces trés humbles de vos ſages avis. Vous
voyez qu'ils ne ſont pas infructueux. J'en ai le
cœur pénétré, & je n'oublierai jamais tant de
bons offices.

Destouches (Philippe-Néricault), auteur comique, né à
Tours en 1680, élevé au collége Mazarin à Paris, s'engagea
dans une troupe de comédiens de province, pour éviter les
persécutions de sa famille qui voulait le faire entrer dans la
robe. Il dirigeait la troupe de Soleure, quand il eut occasion
de haranguer M. de Puysieux, ambassadeur auprès du corps
Helvétique, et il le fit avec tant d'esprit, que ce seigneur,
enchanté de ses talents, se l'attacha et le forma aux négociations. Ses succès au théâtre et la réputation de diplomate
instruit, valurent à Destouches l'amitié du régent, qui l'en-
voya en Angleterre, en 1717, avec l'abbé Dubois, pour
l'aider dans ses négociations. Destouches étant resté à

Londres après le départ de ce dernier, se maria dans cette ville, et s'y acquitta de son emploi d'une manière distinguée. La mort du régent priva notre personnage des récompenses promises.

Pendant son séjour auprès de Georges Ier, Dubois, devenu ministre, lui écrivit pour engager ce souverain à demander au régent l'archevêché de Cambrai. Georges, étonné d'une telle demande, la tourna d'abord en ridicule. « *Comment voulez-vous, dit-il à Destouches, qu'un prince protestant se mêle de faire un archevêque catholique! le régent en rira, et sûrement n'en fera rien.* » — « *Pardonnez-moi, Sire, répondit Destouches, il en rira, et fera ce que vous voudrez.* »

Georges écrivit, et Dubois fut archevêque de Cambrai.

(Massillon sacra Dubois, et en eut un amer regret le reste de sa vie.)

De retour en France, Destouches se retira dans sa terre de Fortoiseau (près Melun), où il mourut le 4 janvier 1754, laissant une fille et un fils. Louis XV avait ordonné une édition de ses œuvres, qui fut imprimée au Louvre en 4 vol. in-4°.

Clermont, typ. F^d Thibaud.